CUADERNOS DE BACHILLERATO

LENGUA Y LITERATURA

TRATAMIENTO DE LA INFORMACIÓN II
Valorar los textos. La lectura crítica

En este cuaderno de trabajo vas a aprender distintas estrategias de lectura crítica, tales como contextualizar, comparar y contrastar las informaciones de un texto; extrapolar los conocimientos que estos textos aportan; descubrir sus comunicaciones inadvertidas, o enjuiciar sus contenidos. Todo ello te ayudará a profundizar en la comprensión de la información y a estar en condiciones de emitir un juicio crítico sobre la misma.

Algunas de las situaciones que pueden dificultar el trabajo intelectual son las siguientes:
- Adoptar una actitud pasiva ante las tareas o entrar en situaciones de estrés.
- Dejarse dominar por sentimientos de inseguridad o falta de autoestima.
- Carecer de técnicas adecuadas para procesar, asimilar y valorar la información.
- Desconocer estrategias creativas para profundizar en la información y el conocimiento.

Todo aprendizaje supone siempre un esfuerzo que, progresivamente, se convierte en un medio de autosuperación y crecimiento personal. Para hacer del trabajo intelectual una hermosa aventura te proponemos:
- Que busques siempre la parte atractiva y la utilidad de cada tarea que te propongas.
- Que te esfuerces y mantengas una constancia en tu trabajo.
- Que creas en tus propias posibilidades y afrontes el trabajo con optimismo.
- Que desarrolles tu intuición y tu capacidad de observación.

Para ayudarte, en cada unidad de este cuaderno vas a encontrar:
- Unas breves actividades de auto-observación y unas propuestas de gimnasia mental dirigidas a que seas más consciente de tus propios valores y de tus posibles dificultades y a que desarrolles tus capacidades creativas.
- Unas actividades en las que pondrás en práctica distintas técnicas y estrategias de lectura crítica que te ayudarán a comprender, asimilar y valorar la información.

Natalia Bernabeu Morón

Ⓑ Bruño

Dirección del proyecto editorial
Antonio Díaz

Coordinación de publicaciones de material complementario
Bruno Bucher

Coordinación de diseño y diseño de cubiertas
Cristóbal Gutiérrez

Diseño de interiores
Arantxa Aboli

© del texto: Bernabeu Morón, N.
© Grupo Editorial Bruño, S.L., 2008
  Juan Ignacio Luca de Tena, 15
  28027 Madrid

Impreso en España por Lavel Industria Gráfica, S. A.
ISBN: 978-84-216-6089-8
Depósito legal: M-3.608-2008
Printed in Spain

Índice

1

Traducir el **contenido de un texto**

En esta unidad vas a repasar...

- Las estrategias de lectura comprensiva.
- Algunas técnicas para organizar la información: esquemas, mapas conceptuales y diagramas mentales.

Y vas a poner en práctica...

- La lectura comprensiva de textos.
- Las técnicas de palabras clave, anotación, subrayado y resumen.
- La elaboración de esquemas y mapas mentales.
- La consulta de información en diccionarios y enciclopedias.
- La redacción de textos personales.

I. Texto motivador

«El psicólogo norteamericano Mark Rosenzweig y sus colegas de la Universidad de California en Berkeley han llevado a cabo una serie de notables experimentos sobre los cambios que experimenta el cerebro humano durante el proceso de aprendizaje. Para ello constituyeron dos colonias de ratas de laboratorio: una en un medio silencioso, monótono y degradado, y otra en un entorno abigarrado, bullicioso y estimulante. Pues bien, el segundo grupo mostró un asombroso aumento de la masa y espesor de la corteza, simultáneamente con una serie de alteraciones en la química del cerebro. El fenómeno pudo detectarse tanto en los roedores maduros como en los jóvenes. Esta clase de experimentos demuestra que las incidencias de orden intelectivo van acompañadas de cambios fisiológicos y pone de manifiesto que la plasticidad o adaptabilidad puede ser regulada anatómicamente. Teniendo en cuenta que una corteza cerebral más grande puede facilitar el aprendizaje futuro, se aprecia claramente la importancia de que la niñez del individuo transcurra en un medio estimulante».

(CARL SAGAN: *Los Dragones del Edén. Especulaciones sobre la evolución de la inteligencia humana,* Grijalbo)

Actividades

1 Lee *una sola vez* el texto motivador. A continuación, indica *rápidamente* si las siguientes afirmaciones son verdaderas o falsas:

1 El psicólogo norteamericano descubrió en solitario que un medio bullicioso y estimulante favorece el aumento de la masa y espesor de la corteza cerebral.   ❏ V ❏ F

2 Los efectos del experimento se apreciaron más en los animales más jóvenes.   ❏ V ❏ F

3 El aumento de la masa cerebral no produjo cambios en la química del cerebro.   ❏ V ❏ F

4 Los investigadores utilizaron para los experimentos roedores de varias clases.   ❏ V ❏ F

5 Las investigaciones demostraron que los cambios en el intelecto se acompañaron de cambios fisiológicos.   ❏ V ❏ F

6 La capacidad para el aprendizaje no depende del tamaño de la masa cerebral.   ❏ V ❏ F

2 Finalmente, consulta el solucionario situado al final de este cuaderno y valora tus aciertos.

II. El espejo

1 Completa las siguientes oraciones:

- Cuando pienso en el futuro, yo me veo ....
....

- Cuando entro en una sala llena de personas, normalmente me siento ....
....

- Las normas sociales me hacen sentir ....
....

- Soy más feliz cuando ....
....

- Las situaciones que más me alteran son ....
....

- Lo que más me molesta en las reuniones de grupo es ....
....

- Cuando me rechazan, generalmente reacciono
....

- Saltarme las reglas que considero arbitrarias me hace sentir ....
....

- Me gusta imitar a alguien cuando ....
....

- Cuando estoy solo, generalmente ....
....

- En medio de la gente, yo ....
....

- Soy rebelde cuando ....
....

- La emoción que me parece más difícil de controlar es ....
....

- Mi mayor aspiración es ....
....

- Mi punto débil es ....

- Tengo miedo de ....

- Creo, sobre todo, en ....
....

- Me avergüenzo de ....
....

- Lo que más alegría me produce es ....
....

- Lo que más me gusta de una persona es ....
....

- Lo que menos me gusta de una persona es ....
....

- Me aburro cuando ....
....

- Los demás me molestan cuando ....
....

1 Contesta brevemente en tu cuaderno de trabajo a las siguientes preguntas:

- ¿Quién pienso que soy yo?

- ¿Qué es lo que mis compañeros piensan que soy?

- ¿Qué desearía ser yo?

- ¿Qué desearían los demás que yo fuera?

- ¿Qué hay de común en las cosas positivas que todos dicen de mí?

- ¿Qué hay de común en las cosas negativas que todos dicen de mí?

- Reflexionando sobre todo lo anterior, ¿quién soy yo?

GIMNASIA MENTAL

Resuelve el enigma: en la siguiente secuencia, tienes que tachar seis letras, de modo que con las letras restantes pueda leerse el nombre de una conocida fruta:

S P E L I A S T L A E T N R O A S

III. Actividades

Recuerda...

La lectura comprensiva de un texto comprende varias fases:

- **Exploración del texto** (barrido visual).

- **Preguntas previas** sobre el tema de que trata.

- **Lectura en profundidad** prestando atención a las palabras clave, los conectores, la progresión temática, etcétera.

- **Memorización** de los datos más relevantes del texto.

- **Repaso** de las partes del texto que presentan más dificultad.

- **Búsqueda** de información complementaria.

1 a) **Realiza una lectura rápida del siguiente texto:**

El cuento y el niño

«El cuento […] proporciona informaciones sobre la lengua materna, o sea, estimula al niño a familiarizarse con ella para construirse esquemas lingüísticos que posteriormente guiarán su uso personal de la lengua; le ayuda asimismo a construirse unas estructuras mentales relativas a las relaciones interpersonales, a los papeles sociales y a los modelos de comportamiento. Sobre este último punto se detiene Bettelheim (1977) cuando subraya el valor socializador de los cuentos que, al reflejar algunos valores dominantes de la cultura en la que surgen, ayudan al niño a responder a interrogantes urgentes sobre su identidad personal y social. Naturalmente, la otra cara de la moneda especificada por algunos pedagogos modernos es que el cuento literario «clásico» adoctrina al niño desde su más tierna edad en el intento de integrarlo a la sociedad.

Rodari insiste en el hecho de que la decodificación del cuento por parte del niño es muy personal y no se puede deducir del simple análisis del texto objetivo. En la interpretación particular que el niño proporcionará de un cuento influyen múltiples factores extratextuales, relativos a las preocupaciones y a los intereses específicos que guían su existencia, además de la concreta situación de enunciación. Así, si el lobo es evocado por la voz sosegadora de la madre, en el contexto de una situación familiar tranquila, el niño podrá «desafiarlo sin miedo» (Rodari, 1973:143). Por el contrario, la mención del lobo suscitará reacciones de angustia en los casos en que el niño advierte ya de por sí una sensación similar, que luego es proyectada sobre la figura del lobo. No es raro, además, que el destinatario infantil se identifique con el antagonista y no con el protagonista del cuento. […]

Frente a este ejercicio de libertad interpretativa por parte del destinatario infantil, al narrador adulto se le abren dos posibles vías: puede, por un lado, alentar el sentido crítico y creativo del niño, renunciando así a dirigir su interpretación de manera unívoca; o, por otro lado, puede imponer una cierta lectura del texto, a través de señales bien precisas como la explicitación de las motivaciones, de la moraleja o de los contenidos implícitos en el cuento».

(VALENTINA PISANTY: *Cómo se lee un cuento popular*, Paidós)

b) Enuncia el tema del texto.

....

....

....

....

....

....

Recuerda...

El lector es activo: todo lector que se enfrenta a un texto, interacciona con él. Ante las informaciones que le aporta la lectura, va activando una serie de esquemas de pensamiento, recordando experiencias vitales, actualizando emociones y conocimientos que adquirió a lo largo de su vida, formándose una opinión, etcétera.

Así pues, el lector activo:

- **Busca información.**

- **Actualiza conocimientos:** relaciona los nuevos datos e informaciones con sus conocimientos previos sobre el tema.

- **Moviliza emociones y sentimientos.**

- **Contrasta los nuevos saberes e intuiciones** con su propia experiencia y con la de otros.

- **Valora el texto.**

2 **Esta primera lectura del texto te habrá hecho movilizar experiencias y conocimientos personales relacionados con el tema que trata:**

- Tu experiencia como oyente y lector de cuentos infantiles.

- Tus conocimientos acerca de las características de este género literario, las reacciones de los lectores ante los textos o las especiales circunstancias en las que se realiza la comunicación literaria.

- Algún libro sobre el tema que hayas leído.

- Otros recuerdos de tu niñez.

a) **Recuerda** algunas experiencias personales: escribe en tu cuaderno unas líneas explicando los cuentos que más te gustaban cuando eras niño y por qué.

....

....

b) **Activa** tus conocimientos sobre el tema. Sin consultar ningún libro, elabora un esquema en el que reflejes las características especiales de la comunicación literaria.

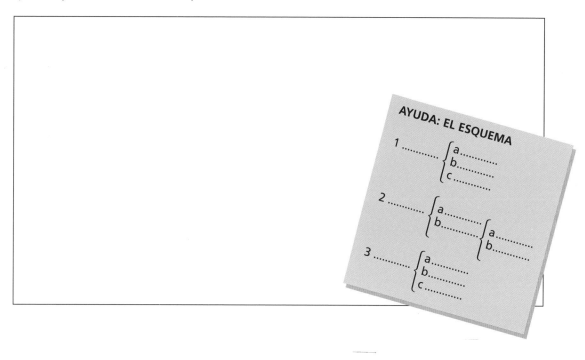

c) Dibuja un diagrama mental en el que reflejes lo que recuerdes acerca de las características del género literario *cuento.*

AYUDA: EL DIAGRAMA MENTAL

d) Subraya alguna de las emociones que te producían los cuentos que te contaban en tu infancia:

Miedo	Alegría	Sorpresa	Ira	Ansiedad	Serenidad
Rabia	Placer	Bienestar	Seguridad	Diversión	Ternura

3 Lee ahora más detenidamente el texto de la actividad 1 subrayando las palabras clave.

4 a) Aclara la información del texto: busca en el diccionario los términos que no conozcas o aquellos de cuyo significado dudes y escribe su definición:

Socializador ....

Factores extratextuales ....

Unívoca ....

Explicitación ....

Contenidos implícitos ....

Otros: ....

....

....

b) Consulta un diccionario enciclopédico, Internet o cualquier otra fuente de información para averiguar:

• Quién es Bettelheim y qué obra importante publicó sobre este tema en el año 1977.

....

....

• Quién es Rodari y qué obra importante publicó relacionada con este tema en 1973.

....

....

5 Escribe a continuación un breve resumen del texto.

....

....

....

....

....

....

....

Te conviene saber...

La estructura de los textos

Si nos detenemos en la forma en que el autor ha compuesto el texto y en cómo las distintas partes del mismo se relacionan entre sí, estaremos analizando la estructura. Para hallar la estructura de un texto hay que delimitar:

- Sus distintos núcleos estructurales.
- Los subnúcleos en los que estos, a su vez, pueden estar divididos.
- Las relaciones que se establecen entre ellos.

El **esquema estructural clásico** consta de **introducción, desarrollo, clímax** y **desenlace,** pero los textos pueden organizarse de otras formas, entre las que cabe destacar las siguientes:

- La disposición **lineal:** los elementos aparecen uno detrás de otro hasta el final.
- La disposición **convergente:** todos los elementos convergen en la conclusión.
- La estructura **dispersa:** los elementos no tienen aparentemente una estructura definida; esta puede llegar a ser caótica.
- La estructura **abierta y aditiva:** los elementos se añaden unos a otros y se podría seguir añadiendo más.
- La estructura **cerrada:** contraria a la anterior.

6 Realiza un esquema del texto, señalando las partes en que se estructura:

7 a) Para completar y ampliar las informaciones del texto, lee y subraya los siguientes documentos que abordan otros aspectos del mismo tema:

Documento 1

Por lo que se refiere a su origen, el cuento constituye una de las formas primitivas de la expresión literaria transmitida por tradición oral. Se encuentra en todas las culturas conocidas y aparece estrechamente vinculado a los mitos, de tal manera que algunos antropólogos lo consideran como un mito ligeramente «debilitado» o un «mito en miniatura» (C. Lévi-Strauss, 1969); otros creen que es en el mito donde se genera un tipo especial de cuento al que, por eso, califican de «mítico»: el cuento maravilloso. […]

Al relato de transmisión oral se le denomina generalmente *cuento popular,* y sus características son el anonimato de autor y la posible reiteración temática y argumental en diferentes versiones y culturas, dado su origen ancestral, vinculado en muchos casos a tradiciones míticas y folclóricas. En este sentido y en relación con esas formas primitivas del cuento oral, M. Eliade, comparando, p.e., la historia de Orfeo con ciertos relatos babilónicos, polinesios y ruso-siberianos, encuentra un esquema de argumento similar: «Casi todos giran en torno a un joven protagonista que debe pasar cierto número de pruebas: si consigue salvar todas estas dificultades, es ya un iniciado; se convierte en héroe… Raros son los cantos épicos que no incluyen la lucha con el dragón, sea el descenso a los infiernos, sea una muerte seguida de una resurrección milagrosa». Muchos de estos relatos populares han pasado por tradición oral, de generación en generación, hasta que han sido recogidos y fijados por la escritura. Algunos lo han sido en la etapa moderna, como ocurre, p.e., con cuentos de Charles Perrault en Francia.

(Demetrio Estébanez Calderón:
Diccionario de términos literarios, Alianza Editorial)

Documento 2

Es obvio que los personajes constituyen el núcleo central de cualquier obra de ficción. […]

Gracias a este «sufrido» interés por la vida de los demás, seguimos leyendo, compartiendo sus triunfos, nos afligimos con sus penas. Reacciones similares nos dominan cuando leemos una buena obra de ficción. Al principio, el lector siente curiosidad por los personajes todavía desconocidos de la historia, y abre el libro con un sentimiento de anticipación. Cree ser capaz de identificarse con algunos de ellos, desea compartir sus problemas, conflictos y peligros, y es posible que se sienta aliviado si llegan al final relativamente indemnes.

(*Cómo crear personajes de ficción,*
Alba Editorial)

b) Enumera las ideas nuevas que aportan sobre el tema.

....

....

....

....

8 Comenta ahora el contenido del texto *El cuento y el niño,* completándolo con las ideas que aportan los documentos 1 y 2. Aporta también tus experiencias personales.

....

....

....

....

....

....

....

9 Expresa brevemente tu opinión: redacta un texto personal sobre el tema «La importancia de los cuentos infantiles para el desarrollo intelectual del niño».

Recuerda...

COMO LECTOR, INTERACTÚAS CON EL TEXTO
Recuerdas experiencias.
Activas conocimientos.
Actualizas emociones y sentimientos.

lo cual determina

LA COMPRENSIÓN DEL TEXTO

- **Decodificar** el texto.
- **Identificar** su tema.
- **Reconocer** su estructura.
- **Completar la información** del texto, si es preciso, consultando otros documentos.
- **Apropiarse del texto,** traduciéndolo a las propias palabras y dotándolo de un significado.

«Comunicación es el nombre que damos a las innumerables formas que tienen los humanos de mantenerse en contacto, no solo a las palabras y la música, las pinturas y las letras de molde, sino también a los gritos y los susurros, las inclinaciones de cabeza y las señas, las posturas y los atuendos: a todo movimiento que capte el ojo de alguien y a cualquier sonido que tenga eco en otro oído». (A. MONTAGU)

En esta unidad vas a aprender...

Distintas estrategias para contextualizar la información de un texto:

- La identificación del autor.

- La localización de la obra en el conjunto de la producción del autor.

- La identificación del texto.

- La explicación de las circunstancias en que se han producido los hechos o las informaciones que se transmiten.

Y vas a poner en práctica...

- La resolución creativa de problemas.
- La lectura comprensiva de textos.
- La búsqueda de información con un objetivo dado.
- La síntesis de la información.
- La redacción de un texto a partir de un diagrama mental.
- Estrategias para contextualizar la información de un texto.

I. Texto motivador

«Establecidos en 1790 para quemar los libros de influencia inglesa de las colonias. Primer Bombero: Benjamín Franklin.

REGLA   1. Responder rápidamente a la alarma.

           2. Iniciar el fuego rápidamente.

           3. Quemarlo todo.

           4. Regresar rápidamente al cuartel.

           5. Permanecer alerta para otras alarmas.

[…]

—¡Montag!

El aludido se volvió con sobresalto.

—No te quedes ahí parado, estúpido!

Los libros yacían como grandes montones de peces puestos a secar. Los hombres bailaban, resbalaban y caían sobre ellos. Los títulos hacían brillar sus ojos dorados, caían, desaparecían.

—¡Petróleo!

Bombardearon el frío fluido desde los tanques con el número 451 que llevaban sujetos a sus hombros. Cubrieron cada libro, inundaron las habitaciones.

Corrieron escaleras abajo; Montag avanzó en pos de ellos, entre los vapores del petróleo.

—¡Vamos, mujer!

Esta se arrodilló entre los libros, acarició la empapada piel, el impregnado cartón, leyó los títulos dorados con los dedos mientras su mirada acusaba a Montag.

—No pueden quedarse con mis libros —dijo.

—Ya conoce la ley —replicó Beatty—. ¿Dónde está su sentido común? Ninguno de esos libros está de acuerdo con el otro. Usted lleva aquí encerrada años con una condenada torre de Babel. ¡Olvídese de ellos! La gente de esos libros nunca ha existido. ¡Vamos!

Ella meneó la cabeza.

—Toda la casa va a arder —advirtió Beatty.

Con torpes movimientos, los hombres traspusieron la puerta. Volvieron la cabeza hacia Montag, quien permanecía cerca de la mujer.

—¡No iréis a dejarla aquí! —protestó él».

(RAY BRADBURY: *Fahrenheit 451*, Ave Fénix)

1 **Tras haber leído el texto, contesta a las siguientes preguntas:**

a) ¿Es un texto informativo o un texto literario? ....

b) ¿En qué lugar se desarrollan los hechos descritos? ....
....

c) ¿Se especifica el tiempo en que ocurren los hechos? ....
....

d) ¿Cuáles son los hechos sorprendentes que se describen? ¿Qué leyes chocan frontalmente con las que imperan en nuestra sociedad? ....
....
....

e) A la vista de su contenido, ¿en qué subgénero narrativo encuadrarías el texto? ....
....

II. El espejo

Ejercicios de autoconocimiento: ¿sabes planificar tu trabajo?

1 **Observa el siguiente plano: en él están señalados los lugares donde tendrás que realizar una serie de tareas:**

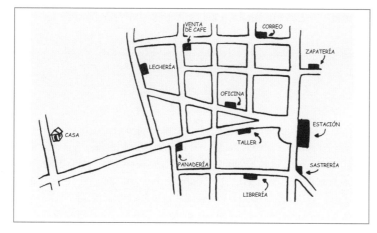

- Llevar los zapatos al zapatero.
- Recoger el teclado del ordenador del taller.
- Llevar un abrigo a arreglar.
- Mandar un paquete de 10 kilos por correo.
- Pagar una deuda en la oficina de un amigo.
- Comprar el pan.
- Comprar 1/2 kilo de café.
- Esperar a unos amigos que llegan a la estación de autobuses a las 12:30 h.
- Comprar un libro.
- Comprar 1/4 kilo de mantequilla en la lechería.

Debes salir de casa a las 9:15 horas y regresar a las 13 horas. En ir de tu casa a la estación de autobuses se tarda 30 minutos. Por ser las fiestas patronales, la oficina de tu amigo cierra hoy a las 10. Los comercios y el correo cierran a las 12, menos la panadería, que cierra a las 11. Debes hacer el recorrido a pie.

Escribe el orden en que realizarás las tareas citadas; a continuación, consulta el *solucionario* **y valora tu nivel de aciertos.**

1ª tarea	
2ª tarea	
3ª tarea	
4ª tarea	
5ª tarea	
6ª tarea	
7ª tarea	
8ª tarea	
9ª tarea	
10ª tarea	

III. Actividades

Te conviene saber...

Contextualizar un texto es identificar algunos datos externos que ayudan a situarlo en un lugar, un momento y unas circunstancias precisas; de esta forma, el texto puede ser comprendido y valorado de forma rigurosa: no se abordan del mismo modo, por ejemplo, un texto histórico o una narración de ciencia ficción como la que has leído al comienzo de esta unidad. Estos datos externos se refieren a:

- **El autor o autores** del texto.
- **El conjunto de la obra** de ese autor.
- **La caracterización** del texto.
- **Las circunstancias** en que se han producido los hechos e informaciones que el texto transmite.

Contextualizar los textos

1 **Lee el siguiente texto:**

«Llegó a casa, comió tratando de prolongar la comida –prolongarla con prisa–, subió a su alcoba, se desnudó y se acostó como para dormir, como para morir. El corazón le latía a rebato. Tendido en la cama, recitó primero un padrenuestro y luego un avemaría, deteniéndose en "hágase tu voluntad así en la tierra como en el cielo" y en "Santa María madre de Dios, ruega por nosotros pecadores ahora y en la hora de nuestra muerte". Lo repitió tres veces, se santiguó y esperó, antes de abrir en libro, a que el corazón se le apaciguara. Sentía que el tiempo le devoraba, que el porvenir de aquella ficción novelesca le tragaba. El porvenir de aquella criatura de ficción novelesca con que se había identificado; sentíase hundirse en sí mismo. Un poco calmado abrió el libro y reanudó la lectura. Se olvidó de sí mismo por completo y entonces sí que pudo decir que se había muerto. Soñaba al otro, o más bien el otro era un sueño que se soñaba en él, una criatura de su soledad infinita. Al fin despertó con una terrible punzada en el corazón. El personaje del libro acababa de volver a decirle: "Debo repetir a mi lector que se morirá conmigo". Y esta vez el efecto fue espantoso. El trágico lector perdió conocimiento en su lecho de agonía espiritual; dejó de soñar al otro y dejó de soñarse a sí mismo. Y cuando volvió en sí, arrojó el libro, apagó la luz y procuró, después de haberse santiguado de nuevo, dormirse, dejar de soñarse. ¡Imposible! De tiempo en tiempo tenía que levantarse a beber agua; se le ocurrió que bebía en el Sena, el espejo. "¿Estaré loco" –se repetía–, pero no, porque cuando alguien se pregunta si está loco es que no lo está. Y, sin embargo…". Levantóse, prendió fuego en la chimenea y quemó el libro, volviendo en seguida a acostarse. Y consiguió al cabo dormirse».

(MIGUEL DE UNAMUNO: *Cómo se hace una novela,* Alianza Editorial)

a) Enumera los asuntos de tipo filosófico (la muerte, la religiosidad, etc.) a los que hace referencia el autor: ....

....

b) Observa cómo para la correcta comprensión de este texto es necesario saber algo acerca de la vida y la personalidad de Unamuno.

Te conviene saber...

El autor del texto

Los datos que aportaremos al hablar del autor de un texto son los siguientes:

- **Identificación** del autor y algunos datos significativos de su **biografía personal.**
- Breve panorama de la época en que vivió y principales **hechos históricos** en los que participó.
- Campo del saber, **movimiento literario o artístico** en el que destacó.
- **Relación con otros movimientos** artísticos y culturales del momento.
- Características de la **personalidad** del autor y modo en que se reflejan en el texto.

2 **Lee detenidamente esta breve contextualización donde se habla del autor de** *La familia de Pascual Duarte:*

«El autor de este texto es Camilo José Cela, importante novelista español del siglo xx, nacido en Iria Flavia, en 1927. Fue miembro de la Real Academia Española desde 1957 y recibió importantes premios, entre los que destacan el Nobel de Literatura (1989) y el Premio Cervantes (1995). Con 26 años publicó la novela que comentamos, con la que inauguró la corriente existencial de la narrativa española. Esta corriente narrativa presenta con un lenguaje duro situaciones de gran crudeza protagonizadas por seres marginados que narran su peripecia en primera persona. El éxito de esta obra llevó a su autor a dedicarse por entero a la literatura. Camilo José Cela vivió los principales acontecimientos históricos y sociales de la segunda mitad del siglo xx: guerra civil, posguerra, dictadura y transición a la democracia. A lo largo de todo este tiempo su obra evolucionó de la novela existencial al realismo social y, por último, a la novela experimental. Aunque el tono y el estilo de sus distintas obras es diferente en cada caso, Camilo José Cela trata en ellas temas comunes como la Guerra Civil y sus consecuencias, los males de la sociedad española y el viaje. Su gusto por los libros de viajes lo emparenta con sus antecesores de la Generación del 98. El autor murió en Madrid, en el año 2001».

3 **Imagina que el texto de Unamuno lo leyera alguien que nunca hubiera oído hablar de este autor. Contextualízalo aportando algunos datos complementarios (vida, obra, contexto histórico, movimiento artístico al que perteneció, características de su personalidad, etc.). Consulta para ello tu libro de texto, así como los siguientes documentos:**

Documento 1

«Desde el punto de vista de la creación literaria, y por lo que atañe a los géneros, es evidente que dicho grupo de escritores (Unamuno, Azorín, Maeztu y Baroja) utiliza, como género dominante, en la primera época el artículo periodístico y el ensayo, como medios de divulgación de sus ideas. Este cultivo del ensayo lo continuarán durante toda su vida. Por lo que respecta a la narrativa, desaparecen la trama compleja de la novela realista, con sus largas descripciones de los ámbitos y condicionamientos sociales, el desarrollo amplio de las relaciones amorosas de diversos personajes, o la organización progresiva de las tensiones para lograr un clímax final. Las novelas de Baroja, Unamuno y las primeras de Azorín (también las de Ganivet, considerado por Maeztu como "precursor") giran en torno a un personaje central, del que se analiza la evolución de su personalidad [...]. Los tres últimos dan prioridad a los diálogos sobre la acción, y es a través de aquellos como se configura el proceso de cambio en la mentalidad y conducta de los personajes. [...] Por lo que respecta a la lengua literaria, es evidente la preocupación de estos escritores por crear un "lenguaje natural y antirretórico, ceñido a la realidad de las cosas que evocan", un "enriquecimiento funcional de la lengua, rebuscando en la lengua popular regional o en la raíz etimológica" una "lengua válida para todos"».

(DEMETRIO ESTÉBANEZ CALDERÓN: *Diccionario de términos literarios,* Alianza Editorial)

Documento 2

Perfil humano y literario de Miguel de Unamuno

«Miguel de Unamuno y Jugo (Bilbao, 1864) fue un hombre singular que tenía, además, afán de singularizarse. Su temperamento ardiente y apasionado lo arrastraba a actitudes extremas. Desgarrado por la angustia existencial y la pérdida de la fe, sus batallas íntimas lo abocaban a una perpetua agonía. Se esforzó en sus escritos por suscitar en los demás esas mismas inquietudes.

Desde que el 13 de junio toma posesión de la cátedra de griego de la Universidad de Salamanca, su vida está indisolublemente ligada a la ciudad del Tormes. Compagina su labor docente con su dedicación a las letras. Los diversos géneros que cultiva (ensayo, artículo, novela, poesía, teatro) no tienen otra finalidad que verter sus inquietudes íntimas; de ahí que no exista entre las diversas modalidades una división tajante. Toda su obra constituye un corpus con absoluta unidad temática y de estilo.

Después de unos años en los que se dedica a reflexionar en sus ensayos y artículos sobre el tema de España *(En torno al casticismo, Vida de don Quijote y Sancho)*, son los conflictos religiosos y existenciales, en especial el ansia de inmortalidad, los que van a ocupar toda su atención *(Del sentimiento trágico de la vida, la agonía del cristianismo)*. Inventa el nombre de "nivola" para unas peculiares narraciones, eminentemente subjetivas y líricas, que tienen mucho de ensayo filosófico. A través de una acción muy concentrada, se presenta al desnudo el drama íntimo de los personajes, que es el mismo que el de su autor *(Amor y pedagogía, Niebla, Abel Sánchez, San Manuel Bueno Mártir...)*. [...]

Se entrega simultáneamente a la actividad política desde una ideología socialista, aunque peculiar y propia, como todo en don Miguel. Al estallar la Primera Guerra Mundial en 1917, toma partido por la causa aliada y se manifiesta como germanófobo acérrimo. Su enfrentamiento a la dictadura de Primo de Rivera le costará el ser destituido de su cátedra y del rectorado de la Universidad y la condena al exilio, que transcurre dolorosamente en Fuerteventura, París y Hendaya, incluso después de haber recibido el indulto.

Tras la caída del dictador (1930), pone fin a su quijotesco destierro voluntario y es recibido apoteósicamente como símbolo de la lucha contra la opresión. Acoge favorablemente a la República, pero pronto empieza a sentirse decepcionado en alta voz contra lo que considera excesos. Del ferviente nacionalismo vasco de antaño ha pasado a defender un radical centralismo y a fustigar la política autonomista; del mismo modo que años atrás había cambiado su consigna de europeizar España por la de españolizar Europa.

El alzamiento del 18 de julio de 1936 cuenta con su apoyo, pero tampoco transige con los abusos de los llamados "nacionales". Un incidente con el general Millán Astray provoca una nueva destitución de sus cargos y el arresto domiciliario. Muere de repente el 31 de diciembre de ese mismo año de 1936».

(M. RODRÍGUEZ CÁCERES: introducción a MIGUEL DE UNAMUNO: *Niebla*, Bruño)

a) Subraya los dos textos y escribe a continuación las ideas más relevantes que vas a utilizar para tu comentario.

....

....

....

....

....

....

....

....

....

....

....

....

b) Consulta tu libro de texto y escribe aquí otras ideas relevantes que puedas utilizar para elaborar tu comentario.

....

....

....

....

....

....

....

c) A continuación, siguiendo el ejemplo del texto sobre el autor de *La familia de Pascual Duarte* (actividad 2), escribe una redacción de unas diez o doce líneas, en la que contextualices el texto de Unamuno.

....

....

....

....

....

....

....

....

....

....

....

Te conviene saber...

La obra a la que pertenece el texto

Los textos pueden ser fragmentos u obras íntegras y, por lo general, pertenecen a un autor que ha escrito otras obras a lo largo de su vida. Por eso es imprescindible situar el texto que se analiza en el contexto de la producción de su autor. Para ello conviene aclarar:

- Si el texto constituye **una obra o un fragmento.** En caso de que sea un fragmento, hay que decir a qué obra pertenece y el lugar que ocupa en ella.

- Relacionar la obra a la que pertenece el texto con **el conjunto de las obras del mismo autor:** así, si comentamos el famoso entremés de Cervantes *El viejo y la niña,* habrá que aludir a sus Novelas Ejemplares y, más concretamente, al *Celoso extremeño,* ya que las dos obras tratan el mismo tema.

- Relacionar el texto y la obra con su **contexto histórico:** al comentar un fragmento de *La Colmena,* de Cela, hablaremos necesariamente de la posguerra española.

- Relacionar el texto y la obra con **la obra de otros autores de la misma época.** Así, por ejemplo, al contextualizar un poema modernista de Juan Ramón Jiménez lo relacionamos con las obras de Rubén Darío.

- Relacionar la obra con **otras obras de otros autores de épocas anteriores** (fuentes) **o posteriores** (influencias).

4 **Lee** detenidamente esta breve contextualización del poema *Los ángeles muertos,* de Rafael Alberti.

«El poema pertenece a la obra *Sobre los ángeles,* de Rafael Alberti, escrita en 1927-1928. Esta obra pertenece a la etapa intermedia de su evolución poética, coincidiendo con la influencia del surrealismo en todos los poetas de la Generación del 27, a la que el autor pertenece. Alberti expresa en este poema su angustia existencial ante el caos que le rodea y a través de imágenes densas expresa su profunda crisis interior. El tema existencial será retomado años más tarde por Dámaso Alonso y Vicente Aleixandre, quienes expresarán su angustia ante la realidad de la posguerra, iniciando así la "poesía desarraigada"».

5 **Lee** el siguiente texto:

(A un olmo seco)

«Al olmo viejo, hendido por el rayo
y en su mitad podrido,
con las lluvias de abril y el sol de mayo,
algunas hojas verdes le han salido.

¡El olmo centenario en la colina
que lame el Duero! Un musgo amarillento
le mancha la corteza blanquecina
al tronco carcomido y polvoriento.

No será, cual los álamos cantores
que guardan el camino y la ribera,
habitado de pardos ruiseñores.

Ejército de hormigas en hilera
va trepando por él, y en sus entrañas
urden sus telas grises las arañas.

Antes que te derribe, olmo del Duero,
con su hacha el leñador, y el carpintero
te convierta en melena de campana,
lanza de carro o yugo de carreta;
antes que rojo en el hogar, mañana,
ardas de alguna mísera caseta,
al borde de un camino;
antes que te descuaje un torbellino
y tronche el soplo de las sierras blancas;
antes que el río hasta el mar te empuje
por valles y barrancas,
olmo, quiero anotar en mi cartera
la gracia de tu rama verdecida.
Mi corazón espera
también, hacia la luz y hacia la vida,
otro milagro de la primavera.»

(ANTONIO MACHADO: *Campos de Castilla,* Cátedra)

a) **Indica** a qué libro de poemas pertenece este texto de Antonio Machado (consulta, si es preciso, el libro de texto, una enciclopedia o cualquier otra fuente de información).

....

b) **Señala** el lugar que ocupa este libro en el conjunto de la producción del autor. Relaciona el texto con la obra de otros autores de la misma época. Consulta tu libro de texto y lee también el siguiente documento:

«En un interesante ensayo, Rafael Ferreres distingue cuatro etapas dentro de la poesía machadiana. Dos de éstas corresponden a la época que abarca esta edición:

I. Desde 1899 hasta 1902, periodo en que se escribe *Soledades.* Su momento modernista.

II. Desde 1903, aparición de *Soledades,* hasta 1907, publicación de *Soledades, Galerías y otros poemas.* Periodo de eliminación –no del todo– de la poderosa influencia que sufrió del modernismo. Corrección y supresión de algunos poemas de su libro inicial. Breve visión del paisaje castellano: Soria. Profundidad introspectiva hacia las galerías del alma.

Llegamos también al borde mismo de la tercera etapa establecida por Ferreres, la que corre de 1907 a 1912 y va anticipada por el poema de *Soledades. Galerías. Otros poemas* (IX) a que se refiere el erudito valenciano. Es el periodo de los poemas castellanos, de la preocupación españolista de Machado que fue noventaiochista tardío. Sigue por fin una cuarta y última etapa –*Nuevas canciones,* preocupación filosófica y folklórica– que cae fuera de nuestra tarea».

(GEOFFREY RIBBANS, en ANTONIO MACHADO: *Soledades. Galerías. Otros poemas,* Cátedra)

....

....

....

Te conviene saber...

Las características del texto

En toda contextualización debemos referirnos también a las características externas del texto. Para ello aclararemos:

- El **código** que utiliza: verbal, icónico, audiovisual, etcétera.

- El **tipo de texto:** narrativo, descriptivo, expositivo, argumentativo, literario, científico, administrativo, periodístico, etcétera.

- El **género o subgénero del texto:** sus rasgos característicos y sus aspectos originales.

Recuerda...

Los textos literarios pueden pertenecer a diversos géneros:

- Géneros **épico-narrativos:** epopeya, cantar de gesta, romance, novela, cuento, leyenda, cuadro de costumbres…

- Géneros **líricos:** oda, canción, elegía, romance lírico, epigrama, balada, villancico, serranilla…

- Géneros **dramáticos:** tragedia, comedia, drama, tragicomedia, auto sacramental, paso, entremés, jácara, loa, baile, mojiganga, sainete…

- Géneros **didáctico-ensayísticos:** epístola, fábula, ensayo, artículo…

6 Redacta un breve comentario en el que expliques las características externas (código que utiliza, tipo de texto, género literario y sus peculiaridades) del siguiente texto:

> luna
> usa
> usa
> luna
> usa
> asa
> nasa
> u s a
> usa
> luna

(La escritura en libertad, Alianza Editorial)

Te conviene saber...

Las circunstancias en que se han producido los hechos

En muchos casos, el contenido de un texto no puede entenderse correctamente si previamente el lector no conoce las circunstancias en que se han producido los hechos a los que alude.

Así, siempre que sea necesario, procuraremos:

- **Situar cronológicamente** los hechos.
- **Aclarar otras circunstancias,** como las causas, la intencionalidad de los hechos, el lugar en que sucedieron, etcétera.
- **Reconstruir los datos o informaciones incompletas,** siempre que sea posible.
- **Aportar información complementaria** acerca de los antecedentes de los hechos a los que alude el texto.

7 Lee atentamente el siguiente texto:

La Nación, lunes 22 de julio de 2002

Los neoyorquinos rechazaron las propuestas

«No» a la reconstrucción de las Torres Gemelas

- **Unas 5 000 personas opinaron sobre los proyectos presentados para reconstruir el World Trade Center.**
- **Y desaprobaron la gran cantidad de espacio dedicado a oficinas.**

NUEVA YORK.— Miles de neoyorquinos rechazaron de forma unánime los seis proyectos presentados para la reconstrucción del World Trade Center, destruido por los atentados del 11 de septiembre último.

Las autoridades convocaron a los ciudadanos a opinar sobre la iniciativa y, en el encuentro comunal más grande que se haya realizado, más de 5 000 personas se congregaron anteayer en el Javits Convention Center.

Durante la sesión, llamada «Escuchemos a la ciudad», los participantes volcaron su estruendoso repudio en las 500 computadoras que colocaron los responsables del proyecto.

Además, debatieron sobre cómo debe ser el monumento que recuerde a los 3 000 muertos durante los ataques.

Los seis planes, difundidos a principios de la semana pasada, fueron criticados por la falta de ambición y por la cantidad de espacio dedicado a oficinas.

La mayoría de los encuestados, de hecho, desaprobó la construcción de edificios en el sitio donde se levantaban las Torres Gemelas.

Cada uno de los proyectos incluye un amplio parque con diferentes formas de monumentos conmemorativos, y grupos de torres de 50 y 60 pisos de oficinas y apartamentos. [...]

Agencias ANSA y EFE.

a) Sitúa cronológicamente los hechos: ¿cuándo se realiza la sesión «Escuchemos a la ciudad»?

....

....

....

b) ¿A qué hechos se refiere el texto cuando habla de «los atentados del 11 de septiembre»? ¿En qué fecha exacta sucedieron?

....

....

....

....

....

8 **Aporta las informaciones complementarias para que una persona que no ha oído hablar nunca del 11 de septiembre pueda entender esta información.**

a) Observa detenidamente este diagrama mental en el que están reflejadas las preguntas a las que una buena contextualización de los hechos tendría que contestar.

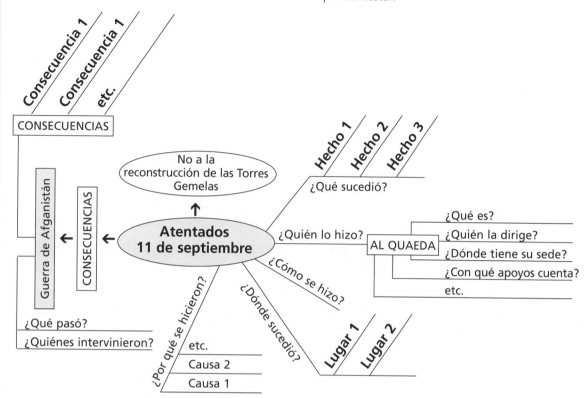

b) Redacta en tu cuaderno un texto personal en el que, basándote en este diagrama, expliques de forma clara y concisa las circunstancias de los hechos a los que alude esta información.

Recuerda...

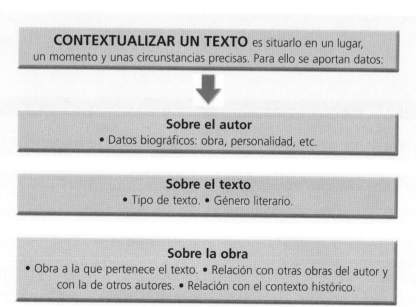

3

Comparar y contrastar los textos

«El ojo que mira da forma; la mente que sabe nombra». (Úrsula K. Le Guin)

En esta unidad vas a aprender...

Distintas estrategias para relacionar las informaciones que aportan los diferentes textos:

- Hallar similitudes.
- Establecer diferencias.
- Determinar relaciones significativas.

Y vas a poner en práctica...

- La lectura comprensiva de textos.
- Las técnicas de palabras clave, subrayado y resumen.
- La elaboración de tablas comparativas.
- La redacción de textos personales.
- La búsqueda de información.
- La identificación de las relaciones significativas que se establecen entre los textos.

I. Texto motivador

«Cuando yo era joven y alocada, me casé con un humano, y él me enseñó todo lo que sé de las costumbres de los mortales. Pasamos muchas noches juntos y pronto fui madre. Un día en que se había ido del bosque para buscar comida, le hice prometer que daría tres golpes en el árbol de la derecha del camino en cuanto volviera. Lo prometió, pero se olvidó y volvió sin anunciarse. Entonces me vio tal como soy, una Mujer del Bosque, desnuda y con una cola de vaca.

Se volvió al árbol y golpeó tres veces. Cuando volvió al claro le salí al encuentro, yo, su amada mujer, vestida con blusa y falda y sin cola.

Los hombres mortales son vanos, y no pueden sentir la savia en los árboles ni la sangre fluyendo en sus venas. Yo, que había estado más cerca de él que cualquier humano, de repente, aparecí como un monstruo ante sus ojos. [...] Un día de invierno nos dejó, a mí y a sus hijos, en medio de un lago helado, y nos abandonó. Yo le llamé para que volviera y nos llevara con él, pero sus pies no dudaron ni un momento. El viento era frío, pero su corazón estaba todavía más frío. Cayó la noche y oí a los lobos. Corrí con mis niños para escapar, pero los lobos ya estaban allí, con sus ojos brillando como cristal tallado. Nos vieron indefensos, sin fuego, y nos rodearon lentamente, aullando».

(N. Arrowsmith y G. Moorse: *Guía de campo de las hadas y demás elfos,* José J. de Olañeta Editor)

Actividades

1 **¿Con cuáles de los textos que se nombran a continuación relacionarías el texto anterior y por qué?**

- Con el cuento de *Hansel y Gretel.* .... ❏ No ❏ Sí
- Con un diccionario de mitología. .... ❏ No ❏ Sí
- Con una película de Spiderman. .... ❏ No ❏ Sí
- Con un reportaje periodístico sobre el tema de la inmigración, el racismo y la xenofobia. .... ❏ No ❏ Sí
- Con la novela picaresca. .... ❏ No ❏ Sí
- Con un libro sobre la manipulación genética. .... ❏ No ❏ Sí

2 **Consulta el solucionario y valora tu nivel de aciertos.**

II. El espejo

¿estás desarrollando tus capacidades creativas?

1 **La creatividad es esencial para el aprendizaje. Si nuestra actitud es creativa, será abierta y flexible, curiosa y original.**

a) **Responde** al siguiente cuestionario para valorar tus capacidades creativas:

	NO	SÍ
1. ¿Te consideras una persona alegre?		
2. ¿Te gustan las sorpresas?		
3. ¿Tienes sentido del humor?		
4. ¿Aceptas el aburrimiento?		
5. ¿Te gusta explorar, conocer lugares y personas nuevas?		
6. ¿Te ríes fácilmente?		
7. ¿Eres capaz de pensar con imágenes?		
8. ¿Te gusta inventar y contar historias?		
9. ¿Te parece posible hacer cosas que a los demás les parece imposible?		
10. ¿Te gusta asumir retos?		
11. ¿Aceptas nuevas ideas?		
12. ¿Te gusta cambiar la forma de hacer las cosas?		
13. ¿Se te ocurren proyectos personales que te ilusiona llevar a cabo?		
14. Si «fracasas», ¿lo tomas más como un tropiezo que como un error insalvable?		
15. ¿Los demás te consideran una persona divertida?		
16. ¿Te sientes por lo general seguro/a de ti mismo/a?		
17. Si tu opinión cuestiona la de tu profesor, tu padre, tu jefe, etc, ¿te atreves a expresarla?		
18. ¿Te sientes insastifecho con las cosas tal y como son y te gustaría cambiarlas?		
19. ¿Aceptas las críticas de los demás a tus ideas?		
20. ¿Cambias tus ideas cuando te parece que los demás tienen razón?		
21. ¿Te gusta pasar ratos sin hacer nada, sin pensar en nada concreto?		
22. ¿Eres capaz de relacionar cosas que no tienen nada en común?		
23. ¿Te gusta buscar varias soluciones para un mismo problema?		
24. ¿Te gusta aprender cosas nuevas, aunque te cueste un esfuerzo?		
25. ¿Eres capaz de hallar las ideas esenciales de un tema, aunque sea complejo?		
26. ¿A veces tienes «corazonadas» y haces caso de ellas?		
27. ¿Te gusta trabajar en grupo y aportar lo que puedas?		
28. ¿Eres capaz de defender tus ideas ante los demás?		
29. ¿A veces has soñado con la solución de un problema?		
30. ¿Te gusta expresarte y dar tu opinión?		

b) **Consulta** el solucionario situado al final de este cuaderno y valora el resultado que has obtenido.

III. Actividades

Te conviene saber...

Comparar y contrastar los textos consiste en:

- **Identificar sus similitudes:** buscando las semejanzas o ideas comunes.

- Contrastar las informaciones que uno y otro aportan para **establecer sus diferencias:** identificar las ideas contrarias, detectar los argumentos opuestos, subrayar las diversas interpretaciones de un mismo hecho, etcétera.

- **Determinar las relaciones significativas** que establecen entre sí: a veces, las informaciones de un texto matizan, complementan o contradicen las del otro.

1 Lee detenidamente los siguientes textos; subráyalos y anota al margen sus palabras clave.

Texto 1

«Si buscásemos un rasgo que distinguiese al hombre de los demás animales, este no podría ser otro que el habla. Mientras no puede hablar, el niño actúa como un mono pequeño. Cuando puede hablar, actúa como un ser humano. La diferencia de conducta no se debe a tipo alguno de diferencia de edad, sino que está estrechamente vinculada con la presencia o la ausencia de la capacidad de hablar. Un niño de un año puede resolver la mayor parte de los problemas que encuentra normalmente un chimpancé, y por eso se dice que está "en la edad del chimpancé". Pero apenas aprende a hablar, el niño hace rápidos progresos y pronto supera al mono. El habla establece un puente en el espacio interhumano. Las palabras, sus significados y relaciones mutuas, rápidamente organizan el mundo humano del niño de un modo que nunca puede alcanzar el mono. Las palabras, en su calidad de símbolos, son los mecanismos de depósito y transmisión de las ideas, la sabiduría, las tradiciones y la cultura del grupo, pues lo que no puede ser directamente percibido o tangiblemente sentido, puede ser imaginado por el niño mediante el estímulo de las palabras-símbolos, con la expansión consecuente de sus horizontes mentales.

Entre las herramientas de la inteligencia, el habla es la de mayor valor instrumental. Es la inteligencia explicitada en el uso de símbolos destinados, en gran medida, al logro de fines prácticos. El significado de una palabra es siempre la acción que ella produce, los cambios que provoca. El habla es la organización del pensamiento mediante símbolos. En consecuencia, el pensamiento de un pueblo se estudia mejor a través de su lenguaje, pues este es la expresión del pensamiento de sus miembros. Nada sabemos acerca del lenguaje de los primeros hombres, pero sin duda alguna fue muy simple, y estuvo en gran medida limitado al logro de fines prácticos. Es probable que más tarde se haya desarrollado gradualmente la inteligencia especulativa o racional, una inteligencia que supone la organización de abstracciones complejas y de sistemas de símbolos, incorporados y reflejados en la naturaleza del lenguaje. A partir de sus mismos orígenes, la función del lenguaje fue siempre mantener al hombre en contacto con sus compañeros».

(ASHLEY MONTAGÚ: *La revolución del hombre,* Paidós)

Texto 2

«El niño es un genio lingüístico, y su habilidad para aprender es tan prodigiosa que Chomsky, Fodor y otros piensan que el hombre nace sabiendo ya las estructuras básicas de un idioma universal que el ambiente lingüístico completará y determinará. Es, desde luego, asombroso que el niño, sumergido en el mundo del hablar adulto, ruidoso, confuso, imperfecto y alborotado, aprenda con tanta rapidez. Emite sus primeras expresiones lingüísticas alrededor de su primer cumpleaños. Al año y medio usa unas veinte palabras, casi todas correspondientes a cosas pequeñas que el niño puede manejar fácilmente. Su diminuto diccionario nos introduce en su mundo de juguetes, comida y zapatos, y otras cosas manejables. No debemos, empero, engañarnos: esas palabras no significan para el niño lo mismo que para el adulto. [...]

Mediante el lenguaje, la madre enseña al niño los planos semánticos del mundo que tiene que construir. La realidad en bruto no es habitable: es preciso darle significados, segmentarla, dividirla en estancias y construir pasillos y relaciones para ir de una a otra. Es el niño quien ha de construirse su morada irremediablemente, puesto que necesita apropiarse por sí mismo la realidad, pero sería un gran incordio que tuviera que inventar la arquitectura. Desde que nace comienza su incansable edificación de la fábrica del mundo. No necesita el lenguaje para proferir significados, ni siquiera para pensar. Sin embargo, el lenguaje supondrá un gran salto hacia delante, porque gracias a él no dependerá tan solo de su experiencia, sino que podrá aprovechar la experiencia de los demás. El larguísimo aprendizaje que el género humano tardó en adquirir miles de años, va a asimilarlo el niño en pocos meses. Se supone que el ser humano estuvo en condiciones físicas de hablar hace ciento cincuenta mil años. En tan largo periodo, los balbuceos iniciales se convirtieron en un hablar estable y la palabra cambió el régimen mental de sus autores.

En el lenguaje no se transmite solo el modo de interpretar el mundo de una cultura, sino, sobre todo, la experiencia ancestral que el hombre ha adquirido sobre sí mismo. La gran epopeya de la inteligencia, la historia de su liberación del estímulo, el reconocimiento de las actividades propias, la habilidad para dominarlas cada vez con mayor perfección, el aprender a volver reflexivamente la mirada, la destreza para inventar planes y anticipar el futuro, todas las aventuras y dramas de la humanización están reflejadas en el lenguaje, transmitidas por el lenguaje, hechas posible por el lenguaje».

(J. A. MARINA: *Teoría de la inteligencia creadora*, Anagrama)

2 Completa esta tabla con el tema y las ideas clave de cada texto.

TABLA COMPARATIVA	Texto 1	Texto 2
Tema		
Ideas principales		

3 Colorea en verde las ideas similares de uno y otro texto y marca en rojo las ideas contrapuestas.

4 Anota a continuación las semejanzas y las diferencias que encuentras entre los dos textos.

....

....

....

....

....

....

....

....

....

....

5 Basándote en estas ideas, elabora un breve escrito personal que lleve por título *La importancia del lenguaje humano.*

....

....

....

....

....

....

....

....

....

....

....

....

....

....

....

....

....

....

....

Te conviene saber...

Dos o más textos pueden establecer entre sí distintas relaciones significativas:

- **Complementariedad:** se produce cuando cada uno de los textos aporta parte del significado, y la interacción enriquece el sentido de cada uno de ellos.

- **Supresión o adición de sentido:** un texto puede restringir o ampliar su sentido cuando lo relacionamos con otro texto.

- **Repetición e hipérbole:** varios textos con un sentido similar se refuerzan unos a otros y pueden llegar a adquirir un sentido hiperbólico.

- **Oposición y contraste:** al relacionar dos textos opuestos, cada uno de ellos puede reforzar su significado.

- **Ordenación y distribución:** a veces, distintos textos referidos a situaciones y contextos diferentes ponen inesperadamente de manifiesto elementos comunes que se corresponden entre sí, y de ese paralelismo surge una nueva interpretación de ambos.

- **Sustitución de sentido:** en ocasiones, al relacionar dos o más textos independientes, estos adquieren un valor simbólico. Su sentido inicial es sustituido por un nuevo significado, convirtiéndose en metáfora o alegoría de otra cosa.

- **Contradicción entre un texto y otro:** en este caso se produce un *conflicto* que crea extrañeza en el lector y lo obliga a detenerse en la interpretación del mensaje.

6 Lee los siguientes titulares de prensa:

a) LA UNIÓN EUROPEA ADOPTARÁ REPRESALIAS CONTRA MARRUECOS SI NO COMBATE EL TRÁFICO DE PATERAS.

b) UNA MUJER MARROQUÍ DA A LUZ EN UNA PATERA QUE NAVEGABA HACIA LANZAROTE.

c) INTERCEPTADOS 170 INMIGRANTES «SIN PAPELES».

d) LA GUARDIA CIVIL DETUVO A 98 INMIGRANTES DE ORIGEN SUBSAHARIANO O MAGREBÍ CUANDO INTENTABAN ENTRAR EN LA ISLA DE FUERTEVENTURA DE FORMA ILEGAL.

e) APARECE EL CADÁVER DE OTRO SUBSAHARIANO DE LA EMBARCACIÓN QUE NAUFRAGÓ EN LOS ARRECIFES.

f) DOS DE CADA TRES ESPAÑOLES PIDEN MÁS DISCIPLINA EN LAS AULAS.

g) EL GOBIERNO BUSCA QUE LOS ADOLESCENTES BEBAN MENOS ALCOHOL.

h) CASI LA MITAD DE LOS JÓVENES APUESTA POR PENALIZAR EL CONSUMO DE DROGAS.

i) AUMENTA EL NÚMERO DE JÓVENES FALLECIDOS POR «ÉXTASIS».

j) EL GOBIERNO DOTARÁ A LOS COLEGIOS DE UN ORDENADOR CADA DOCE ALUMNOS.

k) ESPAÑA, A LA COLA DE EUROPA EN EL DESARROLLO DE TECNOLOGÍAS EN EL AULA.

l) MÁS DE LA MITAD DEL PROFESORADO NO SABE UTILIZAR UN ORDENADOR.

m) SE CREA EN RUSIA LA PRIMERA AGENCIA DE TURISMO PARA VIAJES ESPACIALES.

n) UN MILLONARIO DEJA SU FORTUNA A UN HOTEL DE LUJO PARA PERROS.

ñ) DISTINTAS ONG REALIZAN UNA CAMPAÑA CONJUNTA CON EL FIN DE CONSEGUIR FONDOS PARA UN CAMPO DE REFUGIADOS.

Señala qué relaciones significativas establecen entre sí los titulares:

a), b), c), d) y e): ....

f) respecto a g) y h): ....

h) e i): ....

j), k) y l): ....

j) y l): ....

c) y m): ....

n) y ñ): ....

Te conviene saber...

Dos textos complementarios pueden:

- Abordar cada uno de ellos una parte importante del tema.
- Describir cada uno diferentes características de una misma cosa.
- Analizar uno un problema y otro sus posibles causas o soluciones.
- Referirse uno a las causas y otro a las consecuencias de un hecho.
- Explicar cada uno de forma distinta el modo de proceder o de hacer algo.
- Hablar uno de los orígenes de un hecho y otro del hecho en sí.
- Explicar uno un hecho e imaginar el otro las consecuencias del mismo.
- Defender uno una idea y el otro aportar ejemplos que afirman o contradicen esa idea.
- Explicar cada uno de ellos una parte de la estructura de algo.
- Defender ambos opiniones distintas.

7 Señala de qué manera se complementan los textos de los siguientes titulares:

a) Dos de cada tres españoles piden más disciplina en las aulas.

b) El Gobierno busca que los adolescentes beban menos alcohol.

....

....

c) El Gobierno dotará a los colegios de un ordenador cada doce alumnos.

d) España, a la cola de Europa en el desarrollo de tecnologías en el aula.

....

....

e) España, a la cola de Europa en el desarrollo de tecnologías en el aula.

f) Más de la mitad del profesorado no sabe utilizar un ordenador.

....

....

8 Observa esta fotonoticia. ¿Qué relación significativa establecen la imagen y el pie de foto?

Una joven madre india espera aliviada que atiendan a su hijo en el nuevo hospital que una ONG española acaba de abrir en Nueva Delhi.

....

....

....

....

....

....

....

Recuerda...

COMPARAR Y CONTRASTAR LOS TEXTOS CONSISTE EN:

Identificar sus similitudes y diferencias

Determinar las relaciones significativas que establecen entre sí:

- Complementariedad.
- Supresión o adición de sentido.
- Repetición e hipérbole.
- Oposición y contraste.
- Ordenación y distribución.
- Sustitución de sentido.
- Contradicción.

4 Extrapolar **conocimientos**

«La experiencia del hombre corriente es caótica, irregular, fragmentaria. Se enamora o lee a Spinoza, y estas dos experiencias nada tienen que ver la una con la otra, ni con el ruido de la máquina de escribir, ni con el olor de la comida; en cambio, en la mente del poeta, estas experiencias siempre están formando nuevas totalidades».
(T. S. ELIOT)

En esta unidad vas a aprender...

Distintas estrategias y técnicas creativas para relacionar los textos y extrapolar las informaciones que aportan:

- La técnica de la analogía forzada.
- La técnica de invertir el problema.
- La técnica de *qué pasaría si...*

Y vas a poner en práctica...

- La resolución creativa de problemas.
- La lectura comprensiva y crítica de textos.
- Las técnicas del subrayado y el resumen.
- La comparación de textos.
- La redacción de textos personales.
- La búsqueda de información.

I. Texto motivador

> **«33. Tun / La Retirada**
>
> *Arriba* Ch´ien, *Lo Creativo, el Cielo.*
>
> *Abajo* Ken, *el Aquietamiento, la montaña.*
>
> La fuerza de lo sombrío está en ascenso. Ante su avance lo luminoso se retira, poniéndose a buen recaudo, de modo que aquella fuerza no puede afectarlo. No se trata, en lo que se refiere a esta retirada, de una arbitrariedad humana, sino del cumplimiento de leyes que rigen el acontecer en la naturaleza. De ahí que en este caso sea La Retirada el modo correcto de actuar, que no desgasta las energías».
>
> (RICHARD WILHELM: *I Ching. El libro de las mutaciones,* Editorial Sudamericana)

Roger von Oech escribió sobre varias culturas que tenían oráculos: los chinos, por ejemplo, usaron el *I Ching,* los antiguos griegos se guiaron por el oráculo de Delfos, los egipcios consultaban el Tarot y los escandinavos usaron el Rune. El propósito de estos oráculos no era tanto predecir el futuro como ayudar al usuario a indagar profundamente en sus propias mentes. La asociación de una palabra aplicada a una situación «fuera de contexto» genera nuevas conexiones en nuestra mente y produce frecuentemente originales ideas e intuiciones.

Actividades

1 Inventa tu propio oráculo:

a) Escribe una pregunta para centrar tu mente sobre un problema o un asunto que quieras resolver. (Ejemplo: ¿Qué puedo hacer para divertirme con mis amigos sin descuidar los estudios?)

....

b) Busca una palabra al azar: puedes abrir un diccionario o el propio libro de texto y escoger la primera que encuentres.

....

c) **Busca** asociaciones e interpreta la palabra encontrada como una respuesta a tu pregunta: el componente de información aleatoria que esta contiene te ayudará a enfocar el problema de una forma nueva y diferente. Escribe las posibles soluciones que hayas descubierto.

....

....

....

....

....

....

....

II. El espejo

Ejercicios de autoconocimiento: ¿tomas las decisiones adecuadas?

1 **Perteneces a la tripulación de una nave espacial que, a causa de dificultades técnicas, tuvo que alunizar a 300 kilómetros de la nave nodriza. Todos tus compañeros han muerto y se ha destruido casi todo el equipo. Tu supervivencia depende de que consigas llegar a pie a la otra nave. Los únicos objetos que se han salvado de la destrucción son los siguientes: una caja de cerillas, una lata de concentrado de alimentos, 20 metros de cuerda de nailon, 30 metros cuadrados de seda de paracaídas, un hornillo portátil, dos pistolas de 7,65 mm, una lata de leche en polvo, dos tubos de oxígeno de 500 litros, un mapa estelar (constelación lunar), un bote neumático con botellas de CO_2, una brújula magnética, 20 litros de agua, cartuchos de señales que arden en vacío, un maletín de primeros auxilios con jeringa para inyecciones, y un receptor y emisor de FM accionado por energía solar.**

a) **Clasifica** todos los objetos citados en la siguiente tabla, por orden de importancia para tu supervivencia:

1°	
2°	
3°	
4°	
5°	
6°	
7°	
8°	
9°	
10°	
11°	
12°	
13°	
14°	
15°	

b) **Consulta** el *solucionario* situado al final de este cuaderno y valora tu nivel de aciertos.

Te conviene saber...

Extrapolar conocimientos consiste en:

- **Relacionar** el contenido de los textos con los conocimientos propios y con la propia experiencia.
- **Comparar y contrastar** las informaciones con otras similares o diferentes que provienen de otras áreas del saber.
- **Buscar** con la mente abierta todas las **asociaciones** que el contenido de los textos sugieran.
- **Cambiar de punto de vista,** adoptando constantemente nuevas perspectivas.

1 Lee la siguiente noticia:

ABC, viernes, 26 de abril de 2002

Interceptados 170 inmigrantes «sin papeles»

MADRID.– La Guardia Civil detuvo a 98 personas en Fuerteventura cuando intentaban entrar en la isla de manera ilegal entre la tarde del miércoles y el jueves. Además, la Benemérita detuvo a cinco patrones de patera que fueron puestos a disposición judicial. Estas detenciones se unen a las siete personas que consiguieron llegar vivas a la costa de Lanzarote después de que su patera se estrellara contra las rocas. Todos los inmigrantes detenidos son de origen subsahariano o magrebí. Entre los países de origen se encuentran Gambia, Sierra Leona, Camerún, Guinea, Mali y Nigeria. Todos los patrones de patera son marroquíes. Otras tres pateras arribaron ayer por la mañana a la costa de Lanzarote, con 47 magrebíes a bordo, que fueron detenidos, informa Efe. La Guardia Civil interceptó una cuarta patera, aunque se desconocía el número de inmigrantes que transportaba. En Vélez (Málaga), la Guardia Civil detuvo el miércoles a otros 20 inmigrantes «sin papeles» cuando se disponían a tomar tierra en la playa del Cañuelo, informa J. M. Camacho.

a) Subraya las principales informaciones del texto.

b) Para relacionar el contenido del texto con tus conocimientos y tu experiencia debes prestar atención a lo que el texto te dice y sugiere racionalmente, y también a las emociones que provoca en ti. Expresa primero *desde lo racional* lo que el texto contiene:

....

....

....

....

....

....

....

c) Expresa ahora *desde lo emocional* el contenido del texto: puedes dibujar, basándote en su contenido, una viñeta crítica, puedes escribir un poema surrealista, etcétera.

[ ]

d) Describe brevemente alguna experiencia personal o de alguien que conozcas relacionada con el tema de la noticia.

....
....
....
....
....
....
....

e) Actualiza tus conocimientos sobre la inmigración acudiendo a los medios de comunicación, conversaciones con familiares y amigos, etc. Redacta un texto ordenado y coherente en el que expongas tus ideas.

....
....
....
....
....
....
....
....
....
....
....
....
....
....
....
....
....

2 Lee los documentos 1, 2 y 3, comparando y contrastando sus informaciones.

Documento 1

«Las cadenas que más nos oprimen son las que menos pesan». *(Robert Browning)*

«El que es bueno, es libre aun cuando sea esclavo; el que es malo, es esclavo aunque sea rey». *(San Agustín)*

«Nadie es tan esclavo como quien se cree libre sin serlo». *(Johann W. Goethe)*

«Las cadenas de la esclavitud solamente atan las manos: es la mente lo que hace al hombre libre o esclavo». *(Franz Grillparzer)*

«El sufrir merece respeto, el someterse es despreciable». *(Víctor Hugo)*

«Nadie se nos montará encima si no doblamos la espalda». *(Martin Luther King)*

«La esclavitud más denigrante es la de ser esclavo de uno mismo». *(Séneca)*

«El esclavo es un tirano tan pronto como puede». *(Harriet B. Stowe)*

«Es mejor morir de pie que vivir de rodillas». *(Emiliano Zapata)*

Documento 2

«Reminiscencia moruna ha sido sentarse las *mujeres en el suelo,* cosa que ha debido hacerse en España hasta el siglo XVIII. El estrado, una tarima casi a nivel del suelo y recubierta de una alfombra y de almohadones, era el lugar propio para sentarse las mujeres. [...] Multitud de *cortesías* solo adquieren sentido cuando las examinamos a esta luz islámica. Al mostrar a una persona amiga un objeto de valor que nuevamente se posee, si aquella lo elogia, lo correcto es decir: "Está a su disposición". Ha acontecido a veces que un extranjero, ignorante de que esas palabras son mero rito, preguntara si de veras le ofrecían el objeto valiosos, y ello ha creado más de una situación embarazosa. [...] Es musulmana la costumbre de decir *"esta es su casa"* a quien la visita por primera vez. [...] Al ir a comer o beber delante de alguien que, por el motivo o la situación que sea, no va a participar de la comida o la bebida lo correcto es decir "¿Usted gusta?". En pueblos andaluces, a alguien que pasa junto a quienes están comiendo, se les dice: ¡Venga usted a comer! Nadie acepta, por supuesto. [...] Es muy frecuente oír "si Dios quiere" o "si quiere Dios": "Hasta mañana, si Dios quiere", etc. Parece, al pronto, que tal frase procede de la piedad o religiosidad católica, tan aferrada en España, aunque la presencia de *ojalá, wa sa´a-l-lah,* "quiera Dios", nos hace ver su origen. [...] No sé si besar el pan al recogerlo del suelo es una influencia cristiana dentro del Islam o al contrario. Cuando en Andalucía cae un trozo de pan al suelo, lo recogen y lo besan diciendo que "es pan de Dios". Los moros hacen y dicen lo mismo: *"ays Allah,* pan de Dios"».

(AMÉRICO CASTRO: *España y su historia. Cristianos, moros y judíos,* Crítica)

Documento 3

«Por cuanto los signatarios del Acta General de la Conferencia de Bruselas de 1889-1890 se declararon animados por igual de la firme intención de poner término a la trata de esclavos africanos, [...] considerando asimismo que es necesario impedir que el trabajo forzoso se convierta en una condición análoga a la de la esclavitud, han decidido celebrar una Convención y han designado al efecto como Plenipotenciarios [se omiten los nombres], [...] quienes han convenido lo siguiente:

Artículo 1

A los fines de la presente Convención se entiende que:

1. La esclavitud es el estado o condición de un individuo sobre el cual se ejercitan los atributos del derecho de propiedad o algunos de ellos.

2. La trata de esclavos comprende todo acto de captura, adquisición o cesión de un individuo para venderle o cambiarle; todo acto de cesión por venta o cambio de un esclavo, adquirido para venderle o cambiarle, y en general todo acto de comercio o de transporte de esclavos.

Artículo 2

Las Altas Partes contratantes se obligan, en tanto no hayan tomado ya las medidas necesarias, y cada una en lo que concierne a los territorios colocados bajo su soberanía, jurisdicción, protección, dominio (suzeraineté) o tutela:

a) A prevenir y reprimir la trata de esclavos;

b) A procurar de una manera progresiva, y tan pronto como sea posible, la supresión completa de la esclavitud en todas sus formas.

Artículo 3

Las Altas Partes contratantes se comprometen a tomar todas las medidas útiles conducentes a prevenir y reprimir el embarque, desembarco y transporte de esclavos en sus aguas territoriales, así como, en general, en todos los barcos que enarbolen sus pabellones respectivos».

(Convención sobre la Esclavitud, firmada en Ginebra el 25 de septiembre de 1926)

a) ¿Qué ideas de estos documentos puedes aplicar a la noticia sobre los inmigrantes (actividad 1) para sacar conclusiones personales?

....

....

....

....

....

....

....

b) Elabora un texto en el que relaciones estas ideas con el tema de la inmigración.

....

....

....

....

....

....

....

....

....

....

....

....

....

....

Te conviene saber...

La técnica de la analogía forzada es un buen ejercicio para acostumbrar a nuestra mente a establecer relaciones entre diferentes ideas, situaciones, etc. Consiste en comparar un problema con otra cosa con la que no tiene nada en común y tratar de producir nuevas conceptualizaciones. Las asociaciones imaginativas y sorprendentes ayudan a ver el problema desde perspectivas nuevas y contribuyen a entender los asuntos que se están analizando.

Para realizar adecuadamente esta técnica debes tener en cuenta las siguientes normas:

- Toda crítica o autocrítica está fuera de lugar.

- Toda idea es bienvenida.

- Cuantas más ideas seas capaz de expresar, mejor.

- Cualquier analogía es posible.

3 Compara el problema al que se refiere el texto sobre los inmigrantes con las realidades que representan los nombres que aparecen en la columna de la izquierda, intentando encontrar alguna semejanza entre dos cosas tan dispares:

Nombres	Problema de la inmigración (analogía forzada)
Aguja	Los problemas de los inmigrantes, como el pinchazo de una aguja, son dolorosos. Las agujas sirven para coser telas rotas; los inmigrantes aspiran a arreglar o «coser» sus vidas rotas.
Collar	
Hoguera	
Balón	
Camello	
Globo	

4 Redacta en tu cuaderno un breve texto en el que expongas las ideas relacionadas con este tema que has descubierto a través de la técnica de la analogía.

Te conviene saber...

Muchos de los textos que leemos e interpretamos lo hacemos de forma rutinaria, sin ejercitar apenas nuestra capacidad de reflexión. Lo normal en la vida cotidiana es dar por supuesto los datos que la mayoría considera evidentes. Sin embargo, los adelantos científicos, artísticos y sociales de la humanidad se han producido porque alguien desconfió de esas evidencias. Era «evidente» que el Sol giraba alrededor de la Tierra, hasta que Galileo Galilei demostró lo contrario. Cuando nos enfrentamos con el contenido de un texto es esencial poner en cuestión lo más evidente, pero para ello uno ha de ser capaz de mirar la realidad con ojos nuevos y adoptar el mayor número posible de puntos de vista.

Para cambiar de punto de vista puedes utilizar las siguientes técnicas:

- **Invertir los problemas,** es decir, mirarlos al revés: cambiar una oración afirmativa en negativa, definir lo que algo *no es*, describir lo que todos los demás *no* están haciendo, cambiar una derrota en victoria o una victoria en derrota, etcétera.

- **Jugar al «qué pasaría si...».**

5 Cualquier tema puede analizarse desde diversos puntos de vista. El problema de la inmigración aludido en el texto periodístico que estás analizando se refiere al asunto desde la perspectiva de un país receptor de inmigrantes. Redacta la misma noticia adoptando el punto de vista de un país del Tercer Mundo desde el que parten inmigrantes ilegales a Europa.

6 Muchos escritores de ciencia-ficción escribieron sus obras preguntándose «¿qué pasaría si...?». Imagina las siguientes situaciones y redacta a continuación tus ideas:

f) ¿Qué pasaría si... un día todas las personas no nacidas en España abandonaran al mismo tiempo nuestro país?

....

....

....

....

....

....

....

....

g) ¿Qué pasaría si... España estuviera desde hace muchos años en una situación económica desastrosa y los jóvenes se arriesgaran cada día a cruzar el Estrecho, con destino a las playas del norte de África, continente rico y próspero?

....

....

....

....

....

Recuerda...

EXTRAPOLAR CONOCIMIENTOS CONSISTE EN:

⬇

Relacionar las informaciones con nuestros conocimientos y nuestra experiencia

⬇

Comparar y contrastar las informaciones con las de otras áreas del saber

⬇

Buscar asociaciones: analogía forzada

⬇

Cambiar de punto de vista: invertir los problemas; *qué pasaría si...*

5

Leer **entre líneas**

En esta unidad vas a aprender...

Distintas estrategias para leer de forma crítica la información de un texto:

- Identificar las fuentes de información.
- Leer entre líneas.
- Reconocer los propios prejuicios.
- Descubrir el conflicto.

Y vas a poner en práctica...

- La lectura comprensiva y crítica de textos.
- La redacción de textos personales.
- La identificación y valoración de las fuentes de información.
- La búsqueda de los contenidos no explícitos de los textos.
- La identificación de distintos procedimientos de seducción que se utilizan en algunos textos.
- La búsqueda de las propias concepciones erróneas.
- La identificación de las causas, consecuencias y soluciones de un conflicto dado.

I. Texto motivador

«Dos hombres tuvieron una discusión y, para dilucidar el asunto, fueron a ver a un juez sufí. El demandante expuso su caso; fue muy elocuente y persuasivo en su razonamiento. Cuando terminó, el juez asintió con la cabeza y dijo: "Está bien, correcto". Al oír esto, el demandante saltó y dijo: "Un momento, señor juez, ni siquiera ha escuchado mi versión del caso". Y el juez le pidió que presentara su versión. También fue muy persuasivo y elocuente. Cuando terminó, el juez dijo: "Está bien, correcto". Cuando el empleado de la corte oyó esto, saltó y dijo: "Señor juez, no puede ser que los dos estén en lo correcto". El juez miró al empleado y dijo: "Está bien, correcto"».

(NARRACIÓN SUFÍ)

Actividades

1 **Señala cuál o cuáles de estos enunciados servirían de moraleja para el cuento:**

- Al juez no le importa llegar a saber la verdad.
- Hasta las versiones más contradictorias de los hechos tienen siempre algo en común.
- La verdad está en todas partes; todo depende del punto de vista desde donde se mire.

....

....

....

....

1 Elige el camino correcto para encontrar «el tesoro»: Consulta después el solucionario y valora tu nivel de aciertos.

SALIDA

Definir el tema de la investigación

1er paso
- (A) Hacer una encuesta sobre el tema
- (B) Definir los objetivos del trabajo
- (C) Describir la importancia de la investigación

2º paso
- (A) Hacer una lista de todo lo que se conoce sobre el tema
- (B) Consultar a un experto
- (C) Elaborar el primer guión de trabajo

3er paso
- (A) Hacer un analisis de la situación para valorar la importancia del tema
- (B) Elegir las técnicas adecuadas de recogida de información: bibliografía, encuestas, reuniones, etc.
- (C) Clasificar toda la información que existe sobre el tema

4º paso
- (A) Recoger la información aplicando, al menos, dos de las técnicas seleccionadas
- (B) Discutir entre todos cuál es la mejor técnica de todas las propuestas
- (C) Hacer una lista de libros que se conocen del tema

5º paso
- (A) Sacar una conclusión clara de los datos recogidos, sintetizando la información relevante
- (B) Clasificar y ordenar la información obtenida
- (C) Evaluar las técnicas utilizadas

6º paso
- (A) Hacer un análisis de los datos e interpretarlos
- (B) Elaborar un plan que ayude a resolver al menos uno de los problemas planteados
- (C) Redactar un informe sobre el progreso de la investigación

7º paso
- (A) Revisar los objetivos que se plantearon al comienzo
- (B) Redactar el informe final de la investigación
- (C) Entregar los resultados al profesor

8º paso
- (A) Pedir la opinión al profesor sobre el resultado del trabajo
- (B) Pedir la opinión a los compañeros sobre el resultado del trabajo
- (C) Elegir un medio adecuado para compartir lo investigado, comunicándolo a otros

9º paso
- (A) Definir otros temas importantes para futuras investigaciones
- (B) Evaluar el proceso, los logros y las dificultades que se han presentado en la elaboración del trabajo y evaluar también el producto final
- (C) Consultar con el profesor si todos los pasos se hicieron correctamente

META

Conocer algo más sobre el tema investigado

Te conviene saber...

La lectura crítica 1

Para leer de forma crítica un texto no basta con comprenderlo e interpretarlo; es preciso también valorarlo. Para ello es necesario:

- **Identificar las fuentes de información** y evaluar su fiabilidad.

- **Leer «entre líneas»:** descubrir falsedades intencionadas o no, reconocer los contenidos no explícitos, si los hubiere.

- **Reconocer nuestros propios prejuicios** o percepciones erróneas e intentar superarlos.

- **Descubrir el conflicto;** intentar definir sus **causas** y prever sus **consecuencias.** Imaginar posibles **soluciones.**

1 Lee el siguiente texto:

El testamento

«Esta extraña historia de interés humano cautivó particularmente a los editores, fue difundida en informativos de todo el mundo y trajo de cabeza a los periodistas españoles, en busca de más información. Ahora muchos lo desmienten. La caza del fantasma empezó cuando el periódico sensacionalista alemán *Bild* publicó una enternecedora historieta sobre un compasivo español y un sueco solitario. Según *Bild,* Eduardo Sierra, español y católico, entró en una iglesia de Estocolmo mientras estaba de viaje de negocios en Suecia. Al observar que había un ataúd delante del altar, rezó una oración por el difunto e inscribió su nombre en el libro de pésames que había a un lado. Unas semanas más tarde notificaron a Sierra que se había convertido en millonario. El difunto desconocido, un adinerado pero solitario agente de la propiedad llamado Jens Svenson, había dejado toda su herencia "a quien rezara por mi alma". Ávidos de entrevistar a Sierra, los periodistas saturaron las líneas telefónicas... sin ningún resultado. Ni la embajada de Suecia en Madrid, ni el obispado católico de Estocolmo, ni la prensa sueca sabían nada de la herencia en cuestión... ni de Jens Svenson. La semana pasada una periodista alemana reconoció haber cambiado los nombres, pero declaraba que la historia se la había contado directamente el afortunado heredero, que quería mantenerse en el anonimato. Tras días siguiendo pistas falsas, una suspicaz periodista se planteó qué otros datos de la noticia serían ficticios. "Creo que ese hombre nunca ha existido", dice, malhumorada, la periodista madrileña Isabel Flores. Verdad o mito urbano, el cuento sigue propagándose».

(JAN HAROLD BRUNVAND: *El fabuloso libro de las leyendas urbanas,* Vol. 1, Alba Editorial)

a) Esta historia es un *mito urbano.* Según la autora del libro al que pertenece el texto que acabas de leer, los mitos urbanos presentan las siguientes características: describen acontecimientos *presuntamente reales,* aunque raros, que le han pasado a *un amigo de un amigo.* Generalmente los cuenta una *persona fiable* en un *estilo creíble;* los hechos ocurren en escenarios reales: casas, oficinas, centros comerciales, autopistas, etc., y sus protagonistas son personas muy normales. ¿Recuerdas alguna historia que te hayan contado o que hayas conocido por Internet que posea estas características? Si es así, descríbela brevemente; si no conoces ninguna, invéntala.

....

....

....

....

....

....

b) Fíjate en que casi todas estas historias tienen un fallo: no se especifica claramente la fuente de la que han partido. Para valorar la fiabilidad de una información, hemos de analizar en primer lugar la fuente de la que procede y valorar la credibilidad que damos a esa fuente. Señala las fuentes de información que considerarías más fiables a la hora de aceptar una información sobre las centrales nucleares en España y por qué:

- La ideas que el vendedor de periódicos dice que leyó en una revista.

- Un informe de Greenpeace sobre el tema.

- La opinión de un físico nuclear.

- Los últimos estudios del Gobierno sobre el tema.

- Los datos que te transmite un militante de un partido ecologista.

- La información de un trabajador de la central.

....

....

....

....

....

....

Te conviene saber...

Para analizar la credibilidad del texto puedes hacerte preguntas como estas:

- ¿Están nombradas claramente las fuentes de donde procede la información?

- ¿Son fiables esas fuentes: son personas o instituciones competentes?

- ¿Son creíbles los datos según mi experiencia?

- ¿Podría yo verificar las informaciones del texto, si quisiera?

2 Observa las fuentes de información de este texto:

Agencia de noticias France Press

ABC, 26/9/2002

Medio de comunicación que lo publica

Mueren siete niños al caer un puente colgante en Argentina

AFP

BUENOS AIRES-. Al menos siete escolares de entre 10 y 12 años de edad y una mujer de 38 murieron ayer —otro niño permanece desaparecido— al caer al río Chubut (sur de Argentina) desde un puente colgante que cedió mientras lo cruzaban medio centenar de personas, informaron fuentes de Defensa Civil.

El jefe de área de Operaciones de Defensa Civil de la provincia de Chubut, Carlos Sleiman, señaló que se ha informado de que «al menos ocho personas murieron al caerse la pasarela» del puente que atraviesa el río.

Testimonios directos

Testimonios directos

3 Lee detenidamente el siguiente texto:

«En San Miguel de Tucumán, un joven empleado de una finca cercana a la ciudad, José Demetrio Paliza, me contó que hacia 1990 vio una bola negra de unos 60 centímetros de diámetro a menos de dos metros de distancia cuando iba acompañado de su esposa y dos hijas. "Flotaba a ras de suelo y desapareció rápidamente detrás de un montón de ladrillos. Antes de aparecer hizo viento, después se cubrió el cielo y por la noche llovió. Al rato de aparecer, murió una vecina de once años que estaba en coma a causa de una descarga eléctrica. Durante el velorio sentimos cómo unas piedras o algo parecido e invisible, golpeaba las paredes"».

(PABLO VILLARRUBIA MAUSO: *Un viaje mágico por los misterios de América,* Edaf)

a) ¿Cuáles son las fuentes de esta información?

....

....

....

....

b) Basándote en esas fuentes de información y en tu propia experiencia, ¿qué credibilidad das a lo que se afirma en el texto?

....

....

4 Lee detenidamente la siguiente noticia:

EL PAÍS, viernes 5 de julio de 2002

Cine NOTICIAS Y RODAJES

El fotógrafo risueño de Mauthausen

Se edita en DVD el documental del Llorenç Soler sobre Francisco Boix. Por **M. Mora**

Francisco Boix Campo, el humilde y siempre sonriente hijo de un sastre de Poble Sec (Barcelona) fue un protagonista de excepción de la historia europea. Solo vivió treinta años, pero le llegó para perder dos guerras, militar siempre con optimismo y vitalidad por el comunismo y la libertad, sobrevivir a cuatro años en Mauthausen, fotografiar, revelar y guardar las imágenes del horror que vio allí y finalmente tener la entereza suficiente como para contarlo en el Proceso de Núremberg, con ese teatral extra de coraje y presencia que el cine y la vida exigen a los testigos de cargo imprescindibles: bien trajeado y peinado. Boix se levanta del estrado, extiende el dedo índice de la mano derecha y señala al máximo culpable con intachable acento alemán: «¡Speer!».

a) Indica cuáles son las fuentes de información de este texto.

....

....

b) ¿Cómo podrías verificar estas informaciones?

....

....

c) Teniendo en cuenta las fuentes de información, tus propios conocimientos y experiencias y la posibilidad de verificar las informaciones, ¿qué credibilidad darías a este texto?

....

....

5 **A veces, en los textos periodísticos, en los textos publicitarios y en los textos con intención política se exageran las informaciones o, directamente, se dan informaciones falsas. En la sociedad saturada de información en la que vivimos suele ser difícil descubrir falsedades o manipulaciones. En muchas ocasiones la elección de las palabras contribuye a enmascarar la realidad.**

a) **Lee** detenidamente el siguiente texto y explica la opinión de su autor:

«La edición electrónica de *El Mundo* incluye el siguiente titular al pie de la fotografía: "Israelíes y palestinos siguen siendo una constante amenaza los unos para los otros". Esta frase es una joya de la propaganda; una exhibición finísima del triunfo de la homonimia en su campaña por la abolición de las diferencias. En el insurgente gueto de Varsovia, ¿judíos y alemanes se amenazaban mutuamente? Pero más reveladora que esta sádica frase en sí misma, lo es la relación que mantiene con la fotografía escogida para ilustrar la "recíproca amenaza". En ella se ve a una madre palestina, gruesa, mayor, el velo ceñido a la cabeza, que lleva de la mano, a un lado y a otro, a dos niñitas de seis y siete años; frente a ellas, un soldado gigantesco, en uniforme de combate, rodilla en tierra, las encañona con su fusil a un metro escaso de distancia. ¿Madre armada de niñas contra una metralleta desarmada? ¿Recíproca amenaza? Esta fotografía demuestra hasta qué punto el lenguaje ha roto relaciones con el mundo y, desde fuera, desactiva y acaba por anular completamente la existencia».

(Santiago Alba Rico: *«Guerra de palabras»*, en *Daños colaterales. Hazañas antibélicas,* Ediciones Lengua de Trapo)

....

....

....

b) **Describe** la fotografía adecuada para el pie de foto: «Israelíes y palestinos siguen siendo una constante amenaza los unos para los otros».

....

....

....

....

....

....

c) **Redacta** un pie de foto apropiado para la fotografía que se describe en el texto.

....

....

d) **Comenta** la perversión del lenguaje que se produce en los siguientes casos:

Los aliados, en la Guerra del Golfo…

…no mataban a víctimas civiles, sino que producían *daños colaterales.*

…no bombardeaban, sino que *hacían incursiones.*

…no mataban soldados, sino que *producían bajas.*

…no destruían edificios, sino que *alcanzaban objetivos.*

....

....

....

....

....

e) Comenta y valora estas frases pronunciadas por el presidente de los Estados Unidos, George Bush, el 10 de noviembre de 2001 (tras el atentado de las Torres Gemelas) ante la ONU:

- «Sabemos que el Mal es real, pero el Bien prevalecerá sobre él.»

- «No hemos pedido esta misión, pero esta llamada de la Historia es un honor.»

- «Tenemos la oportunidad de escribir la historia de nuestra época, una historia de la valentía, vencedora de la crueldad y de la luz, dominadora de la oscuridad.»

....

....

....

....

....

....

Te conviene saber...

Los contenidos no explícitos

En muchos relatos, sobre todo en los audiovisuales y en los textos persuasivos, se transmiten a veces contenidos *no explícitos,* es decir, contenidos de los que no se habla directamente y que el receptor asume de forma inconsciente la mayoría de las veces. Estos contenidos no son demasiado fáciles de detectar.

Para transmitir estos contenidos ocultos, el emisor recurre a los procedimientos de seducción:

- Se fragmenta la realidad.

- Se centra la atención del receptor sobre ese aspecto aislado de la realidad, para conseguir deslumbrarle.

- Se transfieren las características de la parte (el fragmento de la realidad) al todo (la realidad misma).

- Se reconstruye una falsa realidad y se hace creer al receptor que la realidad *es eso.*

6 Lee este texto y comenta su contenido, aportando tu opinión personal.

«Tanto en el discurso político como en el del entretenimiento se recurre al *cantar* siempre que no se tiene qué *decir.* O siempre que se quiere evitar que se descubra el vacío de lo que se tiene que decir. O siempre que se pretende escamotear las contradicciones del discurso: la seducción de las formas o del sentido manifiesto escamoteando o camuflando el sentido (o el sinsentido) latente. Se ha escrito que la desaparición de los valores éticos ha provocado el resurgimiento de los valores retóricos. Hipertrofia de la apariencia para escamotear la reducción de la sustancia. La cultura del contexto, la cultura del envoltorio. Envases de mayor calidad de los productos que contienen. El valor de la apariencia física por encima del valor de la persona. El valor añadido primando sobre el valor real.

La era de la información se convierte así en la era de la forma. Y la forma cumple la función de horma, por cuanto se convierte en molde en el que se conforman las conciencias».

(Joan Ferrés: *Televisión subliminal. Socialización mediante comunicaciones inadvertidas,* Paidós)

....

....

....

....

....

....

....

7 **Ejercítate en la lectura crítica: pregúntate constantemente, ¿qué me está diciendo *en realidad* este texto, esta imagen, etc.? Confía en tu conocimiento y en tu intuición.**

a) ¿Qué denuncia El Roto en esta viñeta?

....

....

....

....

....

....

....

....

....

b) ¿Qué dice *realmente* el siguiente texto?:

Ahora soy normal

«Según la gente, yo, hace unos años, era un joven insolente y despreocupado, acusado de vivir con mis padres a los 24 años y de no querer adquirir ningún compromiso en la vida (¡siempre ahí, tirado, sin hacer nada!). Después pasé a ser un caso extraño, porque tenía un trabajo fijo en una gran empresa y ganaba un sueldo decente ("¿de dónde has sacado el enchufe?"). Luego me convertí en un loco por comprarme un piso y entramparme para el resto de mi vida ("tú estás loco, piénsalo mejor").

Gracias a la profesionalidad de los directivos de mi empresa, esta quebró. Entonces pasé a ser catalogado por nuestro presidente del Gobierno como un vago ("no podemos permitir que los que no quieren trabajar vivan a costa de los demás"). Así que seguí buscando empleo y ahora trabajo en una empresa que me paga un sueldo con el que a duras penas llego a fin de mes, desempeñando un trabajo que muy poco tiene que ver con lo que hacía hasta ahora y en la que no sé si continuaré el mes que viene. Ahora, por lo visto, soy normal.—».

(SERGIO ACEDO PÉREZ, Málaga, en Cartas al Director, *El País,* 20 de septiembre de 2002)

....

....

....

....

Te conviene saber...

Los elementos de seducción

Los textos que pretenden seducir (verbales, icónicos, sonoros o audiovisuales) recurren tanto a determinados **contenidos** como a aspectos meramente **formales.**

- **Para seducir a través del contenido** se utiliza lo ligado a la vida *(eros):* el vitalismo, la belleza, la juventud…; pero también lo ligado a la muerte *(thanatos):* la pornografía, las situaciones de riesgo, el dolor ajeno, la violencia, etcétera.

- **Para seducir a través de aspectos formales se recurre especialmente a la apariencia:** la mirada, el gesto, la forma de hablar, el maquillaje…, y también a otros aspectos, como la música o el movimiento.

8 Lee este texto publicitario y comenta en tu cuaderno los contenidos de seducción que se utilizan en él.

LA TENTACIÓN DEL COLOR: *Labiales Clinique.* **Todos los tonos y estilos. ¿Por qué resistirse?**

Golosinas de color.

Dulces texturas.

Deliciosos tonos rosas, exquisitos frambuesas y rojos irresistibles.

¿Con sabor a chocolate? También tenemos.

Acabados de azúcar glasé, satinados apetitosos y golosos brillos.

Venga a *Clinique* y déjese tentar por todas las opciones de color, los estilos más deliciosos y las más apetecibles texturas.

Y para que empiece a degustarlos, llévese una muestra gratuita de cuatro tonos de los labiales favoritos de Clinique.

Clinique.

Sometido a pruebas de alergia. 100% sin perfume.

---

9 A veces son nuestros propios prejuicios y percepciones erróneas los que nos impiden llegar a comprender el contenido de un texto. Para evitarlo, hemos de adoptar una actitud abierta a cualquier punto de vista o a cualquier enfoque nuevo de un problema.

a) Lee la siguiente historia y responde al cuestionario reproducido a continuación (V = verdadero; F = falso; ? = no se sabe):

«El hombre de negocios acababa de apagar las luces de la tienda cuando apareció un hombre y le pidió dinero. El dueño abrió la caja registradora. El contenido de la caja registradora fue extraído y el hombre salió corriendo. Un miembro de la policía fue avisado rápidamente».

CUESTIONARIO

1 Un hombre apareció después de que el dueño apagó las luces de su tienda. ❑ V ❑ F ❑ ?

2 El ladrón era un hombre. ❑ V ❑ F ❑ ?

3 El hombre que apareció no pidió dinero. ❑ V ❑ F ❑ ?

4 El hombre que abrió la caja registradora era el dueño. ❑ V ❑ F ❑ ?

5 El dueño de la tienda extrajo el contenido de la caja registradora y salió corriendo. ❑ V ❑ F ❑ ?

6 Alguien abrió una caja registradora. ❑ V ❑ F ❑ ?

7 Tras extraer el contenido de la caja,
el hombre que demandó dinero huyó a toda prisa. ❑ V ❑ F ❑ ?

8 Aunque la caja registradora contenía dinero, la historia no dice cuánto. ❑ V ❑ F ❑ ?

9 El ladrón demandó dinero del dueño. ❑ V ❑ F ❑ ?

10 Un hombre de negocios acababa de apagar las luces
cuando un hombre apareció dentro de la tienda. ❑ V ❑ F ❑ ?

11 El hombre apareció en plena luz del día. ❑ V ❑ F ❑ ?

12 El hombre que apareció abrió la caja registradora. ❑ V ❑ F ❑ ?

13 Nadie demandó dinero. ❑ V ❑ F ❑ ?

14 Los protagonistas de la historia son tres personas: el dueño de la tienda,
un hombre que demandó dinero y un miembro de la fuerza pública. ❑ V ❑ F ❑ ?

15 Sucedió lo siguiente: que alguien demandó dinero, que la caja registradora
fue abierta y su contenido extraído, y que un hombre huyó de la tienda. ❑ V ❑ F ❑ ?

b) **Compara** tus contestaciones con las de algún compañero o compañera de clase e intentad llegar a un acuerdo. A continuación, explica y valora brevemente lo sucedido.

....

....

....

....

....

....

c) **Consulta** el *solucionario* situado al final de este cuaderno y valora tu nivel de aciertos. Explica cuál crees que ha sido la causa por la que no has contestado correctamente a algunas preguntas.

....

....

....

....

....

....

d) **Indica** cuál o cuáles de estas frases se refieren a lo que has aprendido con esta actividad:

- «Hay palabras que encierran comunicaciones inadvertidas. ¿Por qué relacionamos inmediatamente al hombre de negocios con el dueño?»

- «Una descripción de los hechos no es suficiente a veces para emitir un juicio.»

- «Nuestros prejuicios nos hacen interpretar los hechos de una determinada forma y no de otra.»

- «Nuestros prejuicios nos hacen deformar la realidad.»

....

....

....

....

10 **Analiza los siguientes titulares:**

- AL 80 % DE LOS ALUMNOS DE PRIMARIA LES GUSTA LEER. AL ACABAR LA SECUNDARIA, ESE PORCENTAJE DISMINUYE HASTA EL 8 %.

- EL CONSEJO DE LA JUVENTUD CIFRA EN UN 30 % EL FRACASO ESCOLAR.

a) ¿Cuál es el problema que se plantea en cada caso?

Titular 1	Titular 2

b) **Define** las causas y las consecuencias de cada problema.

Problema 1		Problema 2	
Causas	Consecuencias	Causas	Consecuencias

c) **Propón** las soluciones que creas más efectivas en uno y otro caso.

....

....

....

....

....

....

....

11 **Estamos tan acostumbrados a que los medios de comunicación nos bombardeen con múltiples informaciones, cifras de muertos, accidentes, etc. que realmente no llegamos a valorar lo que estos hechos significan.**

a) **Lee** los siguientes titulares de prensa:

Titular 1: TRAS LA GUERRA DEL GOLFO, EL BLOQUEO ECONÓMICO IMPUESTO POR ESTADOS UNIDOS A IRAK PROVOCÓ LA MUERTE DE 500 000 NIÑOS

Titular 2: EL EJÉRCITO ISRAELÍ DINAMITA 6 000 CASAS EN CISJORDANIA

b) **Transforma** «poéticamente» el primer titular y redáctalo de nuevo:

- Aplica la *metonimia:* sustituye «niños» por alguno de sus juguetes, por ejemplo, «ositos de peluche».

- Aplica el *eufemismo:* sustituye «provocar la muerte» por «hizo pasar a mejor vida».

- Aplica la *antítesis:* sustituye «provocó la muerte» por «dio la vida».

- Aplica la *perífrasis:* expresa el contenido del titular dando un largo rodeo.

- Aplica la *metáfora:* sustituye «niños» por «ángeles» o por «cachorros».

....

....

....

....

c) Transforma «poéticamente» el segundo titular y redáctalo de nuevo:

- Aplica la *sinécdoque:* sustituye el todo (casas) por la parte (cuartos de baño).

- Aplica la *perífrasis:* sustituye «dinamita» por «hace saltar por los aires».

- Aplica la *interrogación retórica:* convierte la frase enunciativa en interrogativa.

- Aplica la *exclamación retórica:* convierte la frase enunciativa en exclamativa.

- Aplica la *ironía:* convierte la oración afirmativa en una negativa.

....

....

....

....

....

....

d) ¿Qué sensación te producen los nuevos titulares que has creado? ¿Qué nuevos matices de la realidad descubren?

....

....

....

....

....

....

....

....

....

....

....

....

....

....

Recuerda...

LEER CRÍTICAMENTE UN TEXTO SUPONE:			
Identificar las fuentes de información	Reconocer los contenidos no explícitos	Descubrir nuestros prejuicios	Definir las causas y consecuencias del conflicto y buscar soluciones

6 Enjuiciar el contenido del texto

«Ahora el camino subía. Ésas eran las únicas direcciones: izquierda y derecha, cuesta arriba y cuesta abajo. El sentido del eje se había perdido hacía tiempo, carecía de significado. No había portal». (Úrsula K. Le Guin: *El lugar del comienzo*)

En esta unidad vas a aprender...

- Las diferencias entre los textos expositivos y argumentativos.
- La forma de evaluar los argumentos de un texto.
- Las operaciones propias de los textos expositivos y argumentativos.
- La estructura de estos textos.
- Las estrategias para evaluar los argumentos.
- La forma de emitir un juicio crítico de un texto.

Y vas a poner en práctica...

- La lectura comprensiva de textos.
- La distinción entre información y opinión.
- La redacción de textos personales de carácter argumentativo.
- La expresión de la propia opinión.

I. Texto motivador

«Dale a la gente concursos que puedan ganar recordando la letra de las canciones más populares o los nombres de las capitales de Estado o cuánto maíz produjo Iowa el año pasado. Atibórralo de datos no combustibles, lánzales encima tantos "hechos" que se sientan abrumados, pero totalmente al día en cuanto a información. Entonces, tendrán la sensación de que piensan, tendrán la impresión de que se mueven sin moverse. Y serán felices, porque los hechos de esta naturaleza no cambian. No les des ninguna materia delicada como la Filosofía o la Sociología para que empiecen a atar cabos. Por ese camino, se encuentra la melancolía. Cualquier hombre que pueda desmontar un mural de televisión y volver a armarlo luego, y, en la actualidad, la mayoría de los hombres pueden hacerlo, es más feliz que cualquier otro que trate de medir, calibrar y sopesar el Universo, que no puede ser medido ni sopesado sin que un hombre se sienta bestial y solitario. Lo sé, lo he intentado. ¡Al diablo con ello! Así, pues, adelante con los clubes y las fiestas, los acróbatas y los prestidigitadores, los coches a reacción, las bicicletas, helicópteros, el sexo y las drogas, más de todo lo que esté relacionado con los reflejos automáticos. Si el drama es malo, si la película no dice nada, si la comedia carece de sentido, dame una inyección de teramina. Me parecerá que reacciono con la obra, cuando solo se trata de una reacción táctil a las vibraciones. Pero no me importa. Prefiero un entretenimiento completo».

(Ray Bradbury: *Fahrenheit 451*, Ave Fénix)

Actividades

1 Enumera los principales argumentos que aparecen en el texto.

....

....

2 Según esos argumentos, ¿cuál crees que es la postura vital del personaje?

....

....

....

II. El espejo

1 **Valora tus actitudes respecto a las cuestiones planteadas en la siguiente tabla:**

	Debo hacerlo mejor	Estoy haciéndolo bien	Debo hacerlo menos
Participas en la conversación del grupo			
Eres breve y conciso			
Eres enérgico al hablar			
Haces que otros se retraigan por tus comentarios			
Escuchas atentamente			
Piensas antes de hablar			
Mantienes el tema de la conversación			
Notas quién habla con quién, y la intención con qué lo hace			
Percibes los sentimientos de tus interlocutores			
Notas la reacción de los demás ante lo que dices			
Expresas lo que sientes			
Manifiestas abiertamente tu desacuerdo			
Puedes afrontar el conflicto			
Aceptas la cercanía y el afecto			
Puedes aguantar la desilusión			
Toleras el silencio			
Soportas la tensión			
Te gusta competir con los demás			
Eres dominante			
Confías en las personas			
Ayudas a tus compañeros			

III. Actividades

GIMNASIA MENTAL

Pedro e Inés van a recoger caracolas marinas y se llevan una bolsa para transportarlas. Sin conocer sus dimensiones, ¿podrías deducir cuántas caracolas pueden meter en la bolsa vacía?

Te conviene saber...

La lectura crítica 2

Además de valorar las fuentes, leer entre líneas, evitar nuestros prejuicios y saber analizar las causas y consecuencias de un hecho, la lectura crítica supone:

- Diferenciar las **informaciones** de las **opiniones.**
- Identificar y evaluar los **argumentos** que se defienden, analizando su lógica, su calidad y su rigor.
- Reconocer los **elementos recurrentes** del texto y las relaciones que esos elementos establecen entre sí.
- Valorar el **tema de fondo.**
- Formarse un **juicio crítico.**

Te conviene saber...

No es lo mismo exponer y explicar un hecho (en un texto expositivo) que defender una opinión (en un texto argumentativo):

- Los **textos expositivos** (los informes, las cartas, los libros de texto, los tratados científicos, las ponencias, las conferencias, algunos textos periodísticos, etc.) desarrollan el contenido de un tema con el fin de informar, difundir e interpretar objetivamente determinadas ideas. Su intención comunicativa es la de transmitir información para que sea comprendida.

- Los **textos argumentativos** (los ensayos, los editoriales y artículos periodísticos, las cartas al director, los discursos políticos, etc.) defienden una tesis presentando razones válidas y convincentes para atraer el ánimo o el pensamiento de los interlocutores. Su intención comunicativa es la de influir sobre el destinatario.

1 Lee detenidamente estos dos textos; el primero es expositivo y el segundo argumentativo:

Texto 1

«*Estar al loro.* Es estar al tanto de lo que ocurre, de lo que se comenta, estar a la última noticia, estar al día en el asunto de que se trata. Por extensión se dice de estar a la escucha de algo o de alguien. En lenguaje cheli, *loro* es el transistor, ese aparato que ya cualquiera lleva pegado a la oreja y que es el que transmite las últimas noticias de lo que pasa. Como ocurre con otras palabras y expresiones de la calle, con el uso se inflan y valen para todo. Un joven estudiante, preguntado en la radio por sus estudios responde: "¿Estudiar? ¿Para qué, si luego nos quedamos al loro [sin trabajo]"? En Chile, *loro* es el individuo enviado con disimulo para averiguar algo».

(JOSÉ LUIS GARCÍA REMIRO: *¿Qué queremos decir cuando decimos...? Frases y dichos del lenguaje diario,*
Alianza Editorial)

Texto 2

«La integración no se consigue por un decreto gubernamental o apretando un botón, sino pulsando la realidad de los inmigrantes, sus inquietudes, sus perspectivas, sus aspiraciones y también sus sueños como personas, como familias y como colectivo. Y son los ciudadanos europeos autóctonos, los que tienen esta misión de pulsar la realidad de la inmigración, ya que tienen que convivir con ellos en la vida real y cotidiana, en el trabajo, en la calle, en el bar, en el metro en los parques y en la plaza del pueblo. La inmigración, más que un fenómeno, es una realidad social, cultural y económica que necesita actualmente de un marco político de debate donde no todo vale y donde también no deben caber ni la discriminación ni la segregación socio-racial ni los insultos en nombre de la libertad de expresión».

(MUSTAPHA EL M'RABET, Presidente de la Asociación de Trabajadores Marroquíes Inmigrantes en España,
en Cartas al Director, *El País,* 20 de septiembre de 2002)

a) ¿Qué informaciones transmite el texto 1?

....
....
....
....

b) ¿Qué opiniones defiende el texto 2?

....
....
....
....

2 Indica cuáles de estos textos aportan información y cuáles opinión:

a) «Desde hace unos meses, la sede española de Archivos está en la fundación José Ortega y Gasset: http://www.ortegaygasset.edu.» ....

....

b) «Solana: "Este atroz ataque va contra los esfuerzos de paz".» ....

....

c) «Por qué el Gobierno estadounidense desea tan fervientemente librarse de Sadam es una cuestión más complicada y más difícil de contestar de lo que parece, pero, desde luego, el petróleo y el rencor tienen algo que ver con ello, como lo tuvieron en la Guerra del Golfo de 1991.»

....

d) «Marruecos y España no pueden permitirse dejar de trabajar conjuntamente de manera prioritaria ni, en modo alguno, ignorarse mutuamente. Unidos y desunidos por la historia, por una vecindad que impone encuentros y desencuentros, por unas sociedades con señas de identidad comunes y más cercanas de lo que la ignorancia puede hacer pensar, tienen que superar sus diferencias y buscar soluciones a todo contencioso mediante el diálogo y sin dejar huellas de rencor.»

....

e) «Dos hombres mueren acribillados a tiros en Almería.» ....

....

f) «Tener una sola idea puede resultar muy peligroso para los que están decididos a defenderla. La historia está llena de ejemplos. Para crear, innovar, no basta con encontrar una idea, hay que hallar dos, diez, cien.» ....

....

3 Distingue en el siguiente texto las informaciones de las opiniones. Subraya las primeras en rojo y las segundas en verde. Después, transcríbelas en la tabla.

EL PAÍS, 21 de septiembre de 2002

EE.UU. invita a España a unirse a una red mundial contra el ciberterrorismo

«Solo es cuestión de tiempo un ataque contra los sistemas informáticos», según Washington

M.G., **Madrid**

«Los terroristas han demostrado una gran creatividad en la elección de sus instrumentos y objetivos. Por tanto, solo es cuestión de tiempo que tenga lugar un acto de ciberterrorismo». Con esta contundencia se expresó ayer en Madrid Michele Makrjoff, del Consejo para la Protección de Infraestructuras Críticas del Departamento de Estado. Markoff invitó a España a sumarse a la red mundial para la alerta y evaluación de la amenaza de ataques informáticos que ha puesto en marcha la Administración Bush.

Informaciones

Opiniones

Te conviene saber...

- Cuando un texto busca **transmitir información** recurre a las siguientes operaciones: presentar los hechos; definir conceptos; clasificar elementos; explicar procesos, ideas, etc.; ejemplificar ideas; relacionar y contrastar realidades, hechos, ideas, etc.; sacar conclusiones.

- Cuando un texto busca **defender opiniones** recurre a las siguientes operaciones: contrastar ideas; presentar datos (de forma deductiva o inductiva); recurrir a testimonios o argumentos de autoridad; establecer analogías y poner ejemplos; incluir citas pertinentes; utilizar los recursos dialécticos, discursivos y lingüísticos necesarios; establecer las generalizaciones indiscutibles o verdades evidentes; aludir al sentir comúnmente establecido; recurrir al criterio sapiencial, apoyándose en refranes, proverbios, máximas y sentencias.

- Un buen **texto expositivo** se caracteriza por su calidad, actualidad y originalidad; la ordenación clara de los datos; la delimitación del alcance del tema que se trata; la estructura sencilla y lógica (deductiva o inductiva); la objetividad en la valoración de los datos; el vocabulario específico, preciso y variado; el lenguaje denotativo.

- Un buen **texto argumentativo** se caracteriza por el dominio del tema por parte del emisor; el interés del tema; la explicación clara de las razones de mayor peso; la posibilidad de contrastar los argumentos dados; la estructura sencilla y lógica; la ausencia de argumentos contradictorios o inadecuados; la diferenciación clara de los diferentes tipos de argumentos que se utilizan; el lenguaje claro, preciso, persuasivo y adecuado al tema.

4 Lee detenidamente este texto:

«Nadie discute la importancia y, por ende, la influencia de las imágenes y –más concretamente– de las imágenes que nos llegan a través de la televisión. Por ello, es habitual que cualquier libro que trate de imagen y educación aluda al monopolio televisivo sobre nuestras vidas y, en consecuencia, dedique, al menos un capítulo, a los lamentos moralizantes. Estos lamentos toman dos bifurcaciones:

1. Asustarse de lo mucho, muchísimo que ve todo el mundo la TV y de las nefastas consecuencias que ello conlleva: pasividad, uniformidad, consumismo, violencia, agresividad, etc., etc. […]

2. Indignarse de la mala calidad de los programas. […]

Desde luego esta problemática presenta una gran complejidad que afecta a todos los cambios de nuestra psique, de nuestro entramado simbólico, de nuestras condiciones y condicionamientos sociales (la estructura económica, por ejemplo). El campo de la imagen (como se suele llamar, con una desarmante intención simplificadora, a este vasto mundo) es hoy una de las claves para comprender, interpretar y dar alternativas a nuestra cultura, es decir, a nuestra sociedad. Hay que plantarse pues, cómo son –señalando los parámetros de referencia– esas imágenes en las que nos deleitamos y/o nos ahogamos. Es además imprescindible preguntarse por qué gusta tanto la televisión en general y algunos programas en particular. Y es necesario:

a) Saber qué ocurre cuando miramos ciertas imágenes y qué cuando miramos otras (pues no es igual, por ejemplo, ir al cine que mirar una película en televisión), de qué manera la imagen conforma nuestro mundo actual y de qué manera puede sernos enriquecedora.

b) Interrogarnos sobre si podemos y debemos prescindir de ella, si hemos de ignorarla –sobre todo nosotros, los profesores, transmisores del saber y de la cultura–, considerándola un elemento meramente deformante, hortera sin remedio, que interfiere, eso sí, en la vida de nuestros educandos.

c) Decidir si hemos de castigarla con nuestro desprecio altivo; incluirla – a modo de exorcismo radical– como una tecnología entre otras optativas "folclóricas"; o, por el contrario, investigar de qué manera incorporar la imagen a un proyecto ético personal y social.

En resumen, hemos de plantearnos cómo nos sirven —y no nos sirven— las imágenes, para qué, cómo hemos de utilizarlas y en función de qué. Estas no son meras cuestiones instrumentales, son el meollo de cualquier planteamiento, pues nos permiten juzgar con coherencia y sacar conclusiones que tengan peso. Porque quejarse sin articular la queja, sin darle sentido y orientación, es, como mínimo, propagar el desaliento y la irresponsabilidad».

(Pilar Aguilar: *Manual del espectador inteligente*, Fundamentos)

a) **Este texto** es un *ensayo,* género que frecuentemente combina partes expositivas con partes argumentativas y que, por tanto, transmite informaciones y expresa opiniones. Indica qué informaciones se dan en este texto y qué opiniones emite su autora.

....

....

....

....

....

....

....

....

b) **Identifica** en el texto las siguientes operaciones propias de los textos expositivos y argumentativos:

- Presentar los hechos y datos:

....

....

....

....

- Clasificar elementos:

....

....

....

....

- Relacionar y contrastar realidades, hechos, ideas, etc.:

....

....

....

....

- Establecer las generalizaciones indiscutibles o verdades evidentes:

....

....

....

....

- Sacar conclusiones:

....

....

....

....

c) Valora la calidad del texto: responde al siguiente cuestionario y redacta después en tu cuaderno un breve comentario.

	Mucho	Bastante	Poco	Nada
¿Es un tema interesante? ¿Es actual? ¿Le da un enfoque original?				
¿Están ordenados con claridad los datos?				
¿Está claramente delimitado el alcance del tema que se trata?				
¿Presenta el texto una estructura sencilla y lógica?				
¿Se valoran los datos de forma objetiva?				
¿Se utiliza un vocabulario específico, preciso y variado?				
¿Se aprecia un nivel aceptable de dominio del tema?				
¿Explica la autora, de forma clara, sus razones?				
¿Se aprecian argumentos contradictorios o inadecuados?				
¿Se utiliza un lenguaje claro, preciso, persuasivo y adecuado al tema?				

Te conviene saber...

Los textos expositivos y argumentativos presentan estructuras parecidas:

Estructura de los textos expositivos:

a) **Introducción.**

b) **Desarrollo:** enumeración de fenómenos relacionados entre sí, comparación, relaciones de causa efecto, ordenación cronológica, preguntas y respuestas, etcétera.

c) **Conclusión.**

Estructura de los textos argumentativos:

a) **Introducción:** exposición del tema (tesis).

b) **Desarrollo:** presentación de los argumentos a favor de la tesis.

c) **Conclusión:** resumen de los principales argumentos y confirmación final de la tesis.

Estructura mixta (ensayo):

a) **Presentación de una idea o tesis:** se incluyen los hechos, las circunstancias, etcétera.

b) **Formulación de hipótesis:** se propone una hipótesis capaz de ser demostrada.

c) **Demostración argumentativa:** se explican las razones, ideas y hechos que justifican la hipótesis planteada.

d) **Conclusión.**

5 **Señala la estructura del texto que estás analizando.**

....
....
....
....
....
....

6 Imagina que te encuentras en tu casa viendo la televisión. Alguien entra en la habitación, se tropieza con una silla y la tira al suelo. Esta persona levanta la silla y se excusa por su torpeza.

a) ¿Qué pensarías de esa persona?

....

....

b) Diez minutos más tarde entra otra persona en el cuarto, tropieza con la misma silla y la tira al suelo. ¿Cuál es tu opinión ahora?

....

....

7 Lee detenidamente el siguiente texto:

«Madame Curie tuvo una mala idea y así logró aislar el radio.

Richard Drew tuvo otra mala idea que se convirtió en la cinta adhesiva.

Josef Priestley inventó el agua gaseosa cuando investigaba la química del aire.

Blaise Pascal inventó la ruleta cuando investigaba el movimiento continuo.

El caucho vulcanizado fue descubierto accidentalmente por Goodyear; lo mismo le pasó a Kettering con la gasolina antidetonante; a Galvani con la corriente eléctrica; a algún desconocido chef de un hotel de Saratoga con las papas fritas; a Pasteur con la inmunología; a Roentgen con los rayos X; a Lippershey con el telescopio; a Daguerre con la daguerrotipia; a Becquerel con la radiactividad; a Walker con los fósforos; y a Fleming con la penicilina.

Y a Colón con América».

a) Analiza el significado de cada uno de sus párrafos. ¿Cuál de las siguientes afirmaciones define mejor el elemento o pauta común que se aprecia en todos ellos?

Todas las personas a las que se refiere el texto…

…son extranjeras. ❏

…son investigadores. ❏

…inventaron algo. ❏

…convirtieron un error en un nuevo hallazgo. ❏

b) ¿Qué relación significativa establecen entra sí todos esos párrafos?

| Complementariedad ❏ | Supresión de sentido ❏ | Adición de sentido ❏ |
| Repetición e hipérbole ❏ | Contraste ❏ | Contradicción ❏ |

c) ¿Cuál crees que es el tema de fondo de este texto?

• La enumeración de todas las personas que inventaron algo. ❏

• Las malas ideas de los científicos. ❏

• Los errores de la ciencia. ❏

• Los nuevos descubrimientos a partir de errores. ❏

• Los descubrimientos científicos. ❏

d) Según todo esto, consideras que este texto es expositivo o argumentativo? Razona tu respuesta.

....

....

....

8 Escribe en tu cuaderno un breve ensayo en el que mezcles fragmentos expositivos y argumentativos sobre el tema *Un futuro mejor para los países del Tercer Mundo.*

Te conviene saber...

Para enjuiciar el contenido de un texto previamente hemos de haberlo leído, comprendido y valorado. Enjuiciar un texto supone:

- Resumir las *características* más sobresalientes del texto.
- Formarse una *opinión personal* sobre su contenido.
- Valorar la *calidad* del texto.
- Analizar *lo que su lectura aporta al lector,* teniendo en cuenta los intereses, emociones, etc., que ha provocado en él.
- Sacar *conclusiones* personales y exponerlas de forma honesta, clara y simple.

9 Lee detenidamente este juicio crítico sobre un anuncio publicitario:

Se valora
la calidad del texto

«Nos encontramos ante un producto publicitario sobrio y amable cuyo rasgo fundamental es el equilibrio, que se manifiesta en los siguientes aspectos:

- Sobriedad en el mensaje icónico.
- Coherencia y ausencia de contradicciones entre el mensaje icónico y el verbal.

Se resumen
sus principales
características

- Armonía en la disposición externa del anuncio y en la estructuración cerrada y circular del texto, que contribuyen a transmitir una sensación de seguridad.
- Equilibro entre la parte informativa y la parte persuasiva, tanto en el texto como en la imagen.
- Sobriedad en la oferta del "valor añadido" y en la apelación a las necesidades del receptor, lo que denota un claro respeto del emisor hacia este.
- Ausencia de comunicaciones inadvertidas.

En este texto, como en cualquiera de carácter publicitario, la intención comunicativa dominante es la de *convencer y persuadir* al receptor, y a ello se subordinan todos los procedimientos expresivos que hemos comentado. Consigue informar con cierta objetividad y persuadir al receptor con elegancia. El uso que se hace del registro coloquial del lenguaje, la utilización de recursos retóricos y las apelaciones directas al receptor se caracterizan también por su mesura. El mensaje se dirige a un ciudadano inteligente, que lo agradece dejándose llevar por las sensaciones placenteras del anuncio, las cuales, en cierto modo, anticipan lo que se puede experimentar en una hipotética visita a la ciudad.

Se valora la
intención del emisor
y la idea que el emisor
tiene del receptor

Tanto la imagen como el texto desean provocar en el receptor, y seguramente provocan, reacciones mesuradas de cierta alegría y bienestar, y de interés por conocer la ciudad que se anuncia. El mensaje no deja inquieto al receptor en niveles más profundos, pues, como ya hemos comentado, no existen comunicaciones inadvertidas.

Se analizan
las reacciones
del receptor

Si contrastamos la información del anuncio con la realidad, enseguida percibimos que este texto publicitario ha utilizado, aunque también de forma comedida, los *procedimientos de seducción* propios de los mensajes de los medios de comunicación: primero ha focalizado la atención del receptor sobre ciertos aspectos amables y positivos de la realidad para producir en él una cierta fascinación; y, seguidamente, ha transferido las características de la parte al todo, reconstruyendo una nueva (y falsa) realidad que intenta hacer creer al receptor que "todo en la ciudad es ocio y diversión".

Se contrasta el texto
con la realidad para
sacar conclusiones
personales

El receptor inteligente al que se dirige este anuncio sabe que esto no es cierto, pues conoce y vive cada día los problemas de todas las grandes ciudades; pero no se inquieta, y entra en el juego que propone el anuncio, porque percibe en todo momento el respeto del emisor hacia él.

En conclusión, estamos ante un anuncio publicitario expresivo y de calidad, que cumple su objetivo prioritario sin engañar al receptor».

Se valora
la calidad del texto

10 Lee el siguiente texto y redacta en tu cuaderno de trabajo, de forma clara y simple, un juicio crítico sobre él, en el que:

- Resumas las características más sobresalientes del texto.
- Expreses tu opinión sobre su contenido.
- Valores su calidad.
- Expliques lo que su lectura te ha aportado (intereses, emociones, sentimientos, etc.).
- Saques conclusiones personales a partir de tus conocimientos y tu propia experiencia.

«La memoria es la gran intermediaria, la puerta de acceso, la llave de toda otra información. Solo mediante la información que poseemos incorporada a nuestro organismo, sean los esquemas innatos o los esquemas adquiridos, podemos acceder a otra información, y esto sitúa a la memoria en primera línea de nuestra actividad inteligente. El juego libre con lo que sabemos nos permite adentrarnos en lo desconocido para aprender cosas nuevas. Incluso el más arriesgado explorador lleva algún mapa en su equipaje. La índole de nuestra memoria personal va a definir nuestras posibilidades. Es evidente que si no sé japonés me está vedado el acceso a la información codificada en lengua japonesa, y este hecho lo aceptamos todos. Nos cuesta, sin embargo, más esfuerzo admitir que si no poseo ningún saber moral seré incapaz de percibir la realidad de lo moral. De nuevo he de recordar un dicho venerable: "El que no sabe es como el que no ve". Solo vemos lo que somos capaces de ver, solo entendemos lo que somos capaces de entender. Concebida así, la memoria no es tanto almacén del pasado como entrada al porvenir. No se ocupa de restos sino de semillas. […]

Ya he dicho que el hombre se apropia de la realidad dando significado a su experiencia, y que así constituye su mundo personal, cuya información se sedimenta en la memoria. […] En todas estas actividades creadoras buscamos, descubrimos, inventamos, construimos desde la memoria».

(José Antonio Marina: *Teoría de la inteligencia creadora*, Anagrama)

Recuerda...

LA LECTURA CRÍTICA SUPONE:

⬇

1. Diferenciar las informaciones de las opiniones
• Identificar argumentos. • Evaluar argumentos.

⬇

2. Reconocer los elementos recurrentes del texto y sus relaciones significativas

⬇

3. Valorar el tema de fondo

⬇

4. Formarse un juicio crítico
• Resumir características. • Dar opinión personal.
• Valorar calidad. • Sacar conclusiones.

Solucionario

Unidad 1.
Traducir el contenido de un texto

I. Texto motivador

1 y **2** 1: F; 2: F; 3: F; 4: F; 5: V; 6: F.

II. El espejo

1 y **2** Respuesta libre.

Gimnasia mental: Para hallar la solución es necesario entender la expresión «seis letras» en su sentido literal: se borran las letras que componen las palabras «SEIS LETRAS» y queda la palabra «PLÁTANO».

III. Actividades

1 a) Actividad personal.

b) *Tema:* los valores educativos del cuento infantil.

2 a), b), c) y d) Respuesta libre.

3 «El **cuento** [...] proporciona informaciones sobre la lengua materna, o sea, estimula al niño a familiarizarse con ella para construirse **esquemas lingüísticos** que posteriormente guiarán su uso personal de la lengua; le ayuda asimismo a construirse unas estructuras mentales relativas a las relaciones interpersonales, a los papeles sociales y a los modelos de comportamiento. Sobre este último punto se detiene Bettelheim (1977) cuando subraya el valor socializador de los cuentos que, al reflejar algunos valores dominantes de la cultura en la que surgen, ayudan al niño a responder a interrogantes urgentes sobre su **identidad personal** y social. Naturalmente, la otra cara de la moneda especificada por algunos pedagogos modernos es que el cuento literario «clásico» adoctrina al niño desde su más tierna edad en el intento de integrarlo a la sociedad.

Rodari insiste en el hecho de que la **decodificación** del cuento por parte del niño es muy **personal** y no se puede deducir del simple análisis del texto objetivo. En la interpretación particular que el niño proporcionará de un cuento influyen múltiples factores **extratextuales,** relativos a las preocupaciones y a los intereses específicos que guían su existencia, además de la concreta situación de enunciación. Así, si el lobo es evocado por la voz sosegadora de la madre, en el contexto de una situación familiar tranquila, el niño podrá «desafiarlo sin miedo» (Rodari, 1973:143). Por el contrario, la mención del lobo suscitará reacciones de angustia en los casos en que el niño advierte ya de por sí una sensación similar, que luego es proyectada sobre la figura del lobo. No es raro, además, que el destinatario infantil **se identifique con el antagonista** y no con el protagonista del cuento. [...]

Frente a este ejercicio de libertad interpretativa por parte del destinatario infantil, al narrador **adulto** se le abren dos posibles vías: puede, por un lado, **alentar el sentido crítico** y creativo del niño, renunciando así a dirigir su interpretación de manera unívoca; o, por otro lado, puede **imponer** una cierta **lectura** del texto, a través de señales bien precisas como la explicitación de las motivaciones, de la moraleja o de los contenidos implícitos en el cuento».

4 a) *Socializador:* que socializa. (*Socializar:* promover las condiciones sociales que favorezcan en los seres humanos el desarrollo integral de su persona.)

Factores extratextuales: circunstancias externas al texto en sí que determinan una interpretación del texto y no otra.

Unívoca: que tiene un único significado.

Explicitación: acto de expresar o hacer explícito algo. *Contenidos implícitos:* contenidos que no se expresan, pero que se entienden igualmente.

b) *Bruno Bettelheim* (Viena, 1903). Psicoanalista austriaco, nacionalizado norteamericano. Doctor en Filosofía y Psicología, emigró a Estados Unidos en 1939. Fue profesor de la Universidad de Chicago, fundó un centro para el tratamiento de niños caracteriales y psicóticos. Entre sus obras destaca *La fortaleza vacía* (1963), sobre las psicosis infantiles, y la obra citada en este texto, *Psicoanálisis de los cuentos de Hadas,* publicada en 1976 y traducida al castellano por la editorial Crítica en 1992.

Gianni Rodari (1920-1980) fue periodista, escritor de historias para niños y ganador del Premio Andersen, una especie de Nobel de la Literatura infantil. La obra citada en el texto es *Gramática de la Fantasía. Introducción al arte de contar historias,* publicada en 1973.

5 El cuento ayuda al niño a construirse esquemas lingüísticos y estructuras mentales acerca de las relaciones interpersonales y responde también a múltiples interrogantes sobre su identidad personal. La decodificación del cuento por parte del niño es muy personal y en ella influyen muchos factores extratextuales. No es raro que el niño se identifique con el antagonista y no con el protagonista del cuento. Frente a esta libertad interpretativa, el adulto puede o alentar el sentido crítico y creativo del niño, o imponer una cierta lectura del texto.

6 *Primera parte: Valores educativos del cuento.*

a) Informa sobre la lengua materna.

b) Contribuye a la construcción de estructuras mentales relacionadas con las relaciones sociales y los modelos de comportamiento.

c) Responde a interrogantes sobre la identidad personal.

d) Peligro de adoctrinamiento.

Segunda parte: Libertad interpretativa del niño.

Influencia de factores extratextuales:

a) Preocupaciones e intereses.

b) Situación de enunciación.

Tercera parte: Actitudes del adulto.

a) Alentar el sentido crítico.

b) Dirigir la interpretación.

7 a) Actividad personal.

b) *Documento1:* el cuento aparece vinculado a los mitos. Para unos es un mito en miniatura, para otros tiene su origen en los mitos. El cuento popular se transmitió oralmente y posteriormente se fijó por escrito. Sus características son: autor anónimo y reiteración temática y argumental (protagonista que, tras pasar diversas pruebas, se convierte en héroe).

Documento 2: los personajes son el núcleo central de cualquier relato, pues el lector se identifica inmediatamente con ellos.

8 y **9** Respuestas libres.

Unidad 2.
Contextualizar los textos

I. Texto motivador

1 a) Un texto literario.

b) No se especifica, pero se sobreentiende que en Norteamérica (por la alusión a Benjamín Franklin).

c) No. Pero, aparentemente, los hechos no ocurren en la época actual; remiten presumiblemente a un tiempo futuro.

d) Que los bomberos, en lugar de apagar el fuego, lo que hagan sea incendiar y quemar libros.

e) En el de ciencia-ficción.

II. El espejo

1 1ª: oficina; 2ª: correo; 3ª: zapatería; 4ª: sastrería; 5ª: librería; 6ª: panadería; 7ª: lechería; 8ª: café; 9ª: taller; 10ª: estación.

Gimnasia mental: 1 X 6 (= 6). Se añade una línea curva (6) después de IX. Lo que resulta es 1 multiplicado por seis. El signo X ya no representa 10, o la propia letra x, sino el signo matemático de la multiplicación. Al cambiar del contexto de la lengua al de las matemáticas, se descubren nuevas ideas y nuevas posibilidades de combinación de las mismas.

III. Actividades

1 **a)** Los temas de la muerte, de la vida como sueño de otro, el sentido de la propia existencia, la oposición entre los personajes de ficción y las personas, la literatura como espejo donde se miran los seres humanos, etcétera.

b) Actividad personal.

2 Actividad personal.

3 **a)**, **b)**, **c)** y **d)** Respuesta libre.

4 Actividad personal.

5 **a)** Este texto pertenece al libro *Campos de Castilla,* obra de Antonio Machado. Esta obra heterogénea reúne poemas escritos entre 1911 y 1917.

b) *Campos de Castilla* pertenece a la tercera etapa de la producción del autor. Es el periodo de 1907 a 1912, en el que Machado manifiesta su preocupación por España, acercándose a otros autores de la Generación del 98.

6 El texto utiliza un código mixto, el verbal (las palabras) y el icónico (la forma trazada por la disposición de las palabras). Es un texto literario –un poema– en el que se pueden apreciar todas las características del lenguaje literario. Pertenece, por tanto, al género lírico. El aspecto más original lo encontramos en el juego que se establece entre la escritura y el dibujo, propio de algunas tendencias vanguardistas de la poesía del siglo xx.

7 **a)** El domingo 21 de julio de 2002.

b) El texto se refiere a los atentados terroristas que las ciudades de Nueva York y Washington sufrieron el 11 de septiembre de 2002.

8 **a)** y **b)** Respuesta libre.

Unidad 3.
Comparar y contrastar los textos

I. Texto motivador

1 y **2** *Con el cuento de* Hänsel y Gretel: SÍ. Los protagonistas del cuento se internan y pierden en el bosque.

Con un diccionario de mitología: SÍ. En un diccionario de mitología abundan las historias de monstruos, seres medio humanos, medio animales: sirenas, faunos, etcétera.

Con una película de Spiderman: SÍ. Spiderman es un ser mitad hombre, mitad araña; la protagonista es mujer, pero tiene cola de vaca.

Con un reportaje periodístico sobre el tema de la inmigración, el racismo y la xenofobia: SÍ. El tema de fondo de los dos relatos es un mismo hecho: el racismo, el rechazo del otro porque es diferente.

Con la novela picaresca: SÍ. Ambos relatos están narrados en primera persona.

Con un libro sobre la manipulación genética: SÍ. La imaginaria mujer con cola de vaca quizá podría llegar a ser realidad, como en las mejores películas de ciencia-ficción, si la manipulación genética se llevara a sus máximas consecuencias.

II. El espejo

1 **a)** Respuesta libre.

b) *Menos de 15 contestaciones afirmativas:* poca creatividad. No has prestado atención a tus capacidades creativas.

Entre 15 y 19: creatividad aceptable. Has empezado a desarrollarla, pero debes ejercitar más esas cualidades.

Entre 20 y 25: creatividad buena. Eres una persona que pone en práctica asiduamente sus capacidades creativas.

Entre 26 y 30: eres una persona muy creativa. Estás desarrollando al máximo tus capacidades.

Gimnasia mental: Con el Doctor Gómez, ya que, puesto que son los únicos dentistas de la ciudad, es probable que cada uno arregle los dientes del otro.

III. Actividades

1 **Texto 1**

«Si buscásemos un rasgo que distinguiese al hombre de los demás animales, este no podría ser otro que el **habla.** Mientras no puede hablar, el niño actúa como un mono pequeño. Cuando puede hablar, actúa como un ser humano. La diferencia de conducta no se debe a tipo alguno de diferencia de edad, sino que está estrechamente vinculada con la presencia o la ausencia de la capacidad de hablar. Un niño de un año puede resolver la mayor parte de los problemas que encuentra normalmente un chimpancé, y por eso se dice que está "en la edad del chimpancé". Pero apenas **aprende a hablar,** el niño hace **rápidos progresos** y pronto supera al mono. El habla establece un puente en el espacio interhumano. Las palabras, sus significados y relaciones mutuas, rápidamente organizan el mundo humano del niño de un modo que nunca puede alcanzar el mono. Las palabras, en su calidad de símbolos, son los mecanismos de depósito y **transmisión de las ideas,** la sabiduría, las tradiciones y la cultura del grupo, pues lo que no puede ser directamente percibido o tangiblemente sentido, puede ser imaginado por el niño mediante el estímulo de las palabras-símbolos, con la expansión consecuente de sus horizontes mentales. Entre las herramientas de la inteligencia, el **habla** es la de mayor valor instrumental. Es la inteligencia explicitada en el uso de símbolos destinados, en gran medida, al logro de fines prácticos. El significado de una palabra es siempre la acción que ella produce, los cambios que provoca. El habla es la organización del pensamiento mediante símbolos. En consecuencia, el pensamiento de un pueblo se estudia mejor a través de su lenguaje, pues este es la expresión del pensamiento de sus miembros. Nada sabemos acerca del lenguaje de los primeros hombres, pero sin duda alguna fue muy simple, y estuvo en gran medida limitado al **logro de fines prácticos.** Es probable que más tarde se haya desarrollado gradualmente la inteligencia especulativa o racional, una inteligencia que supone la organización de abstracciones complejas y de sistemas de símbolos, incorporados y reflejados en la naturaleza del lenguaje. A partir de sus mismos orígenes, la **función del lenguaje** fue siempre mantener al hombre en **contacto** con sus compañeros».

Texto 2

«El niño es un genio lingüístico, y su habilidad para aprender es tan prodigiosa que Chomsky, Fodor y otros piensan que el hombre nace sabiendo ya las **estructuras** básicas de un **idioma universal** que el ambiente lingüístico completará y determinará. Es, desde luego, asombroso que el niño, sumergido en el mundo del hablar adulto, ruidoso, confuso, imperfecto y alborotado, aprenda con tanta rapidez. Emite sus **primeras expresiones lingüísticas** alrededor de su primer cumpleaños. Al año y medio usa unas veinte palabras, casi todas correspondientes a cosas pequeñas que el niño puede manejar fácilmente. Su diminuto diccionario nos introduce en su mundo de juguetes, comida y zapatos, y otras cosas manejables. No debemos, empero, engañarnos: esas palabras no significan para el niño lo mismo que para el adulto. [...]

Mediante el lenguaje, la madre enseña al niño los **planos semánticos** del mundo que tiene que construir. La realidad en bruto no es habitable: es preciso darle significados, segmentarla, dividirla en estancias y construir pasillos y relaciones para ir de una a otra. Es el niño quien ha de construirse su morada irremediablemente, puesto que necesita apropiarse por sí mismo la realidad, pero sería un gran incordio que tuviera que inventar la arquitectura. Desde que nace comienza su incansable edificación de la fábrica del mundo. No necesita el lenguaje para proferir significados, ni siquiera para pensar. Sin embargo, el lenguaje supondrá un gran salto hacia delante, porque <u>gracias a él no dependerá tan solo de su experiencia, sino que podrá **aprovechar la experiencia de los demás.**</u> El larguísimo aprendizaje que el género humano tardó en adquirir miles de años, va a asimilarlo el niño en pocos meses. Se supone que <u>el ser humano estuvo en **condiciones físicas de hablar** hace ciento cincuenta mil años.</u> En tan largo periodo, los balbuceos iniciales se convirtieron en un hablar estable y la palabra cambió el régimen mental de sus autores.

<u>En el lenguaje no se transmite solo **el modo de interpretar el mundo** de una cultura, sino, sobre todo, la **experiencia ancestral** que el hombre ha adquirido sobre sí mismo. La gran **epopeya de la inteligencia,**</u> la historia de su liberación del estímulo, el reconocimiento de las actividades propias, la habilidad para dominarlas cada vez con mayor perfección, el aprender a volver reflexivamente la mirada, la destreza para inventar planes y anticipar el futuro, todas las aventuras y dramas de la humanización <u>están reflejadas en el lenguaje, transmitidas por el lenguaje, hechas posible por el **lenguaje».**</u>

Tabla comparativa	Texto 1	Texto 2
Tema	La importancia del lenguaje en el desarrollo de la inteligencia.	
Ideas principales	1a. El habla es el rasgo distintivo del ser humano.	1b. El hombre nace sabiendo las estructuras básicas de un lenguaje universal.
	2a. Las palabras organizan el mundo y son depósito y medio de transmisión de ideas.	2b. El niño empieza a hablar hacia el año, y al año y medio emplea unas veinte palabras.
	3a. El habla es una herramienta de la inteligencia dirigida al logro de fines prácticos. Más tarde se desarrolló la inteligencia especulativa.	3b. La madre enseña al niño a través del lenguaje los planos semánticos del mundo para que el niño pueda apropiarse por sí mismo de la realidad.
	4a. La función primordial del lenguaje es la comunicación.	4b. Gracias al lenguaje, el hombre puede aprovechar la experiencia de los otros.
		5b. El ser humano estuvo en condiciones físicas de hablar hace ciento cincuenta mil años.

3 Actividad personal.

4 *Semejanzas:* ideas 1a y 1b, 2a y 3b, 2a y 4b, 4a y 4b.

Diferencias: sin que exista ninguna idea opuesta, el primer texto desarrolla el tema de evolución del lenguaje que el texto segundo no trata. El segundo texto se detiene en la adquisición del lenguaje por parte del niño, algo que el primer texto omite.

5 Respuesta libre.

6 **a), b), c), d)** y **e):** repetición e hipérbole.

f) respecto a **g)** y **h):** complementariedad.

h) e **i):** oposición y contraste.

j), k) y **l):** complementariedad.

j) y **l):** contradicción.

c) y **m):** ordenación y distribución, contraste.

n) y **ñ):** ordenación y distribución, contraste.

7 El titular b) se refiere a una de las posibles causas de la situación a la que alude el titular a). El titular c) se refiere a una consecuencia de la situación descrita en el titular d). El texto f) describe una de las causas de la situación a la que se refiere el titular e).

8 Adición de sentido: el pie de foto aclara que la mujer en la India desempeña un importante papel en el mantenimiento de la familia.

Unidad 4.
Extrapolar conocimientos

I. Texto motivador

1 **a), b)** y **c)** Respuestas libres.

II. El espejo

1 **a)**

1º	Dos tubos de oxígeno.
2º	20 litros de agua.
3º	Mapa estelar.
4º	Concentrado alimenticio.
5º	Receptor-emisor de FM.
6º	Cuerda de nailon.
7º	Maletín de primeros auxilios.
8º	Seda de paracaídas.
9º	Bote neumático.
10º	Cartuchos de señales.
11º	Dos pistolas.
12º	Leche en polvo.
13º	Hornillo.
14º	Brújula magnética.
15º	Caja de cerillas.

b) Actividad personal.

Gimnasia mental: Respuesta libre.

III. Actividades

1 **a)** <u>La Guardia Civil detuvo a 98 personas en Fuerteventura cuando intentaban entrar en la isla de manera ilegal entre la tarde del miércoles y el jueves.</u> Además, <u>la Benemérita detuvo a cinco patrones de patera que fueron puestos a disposición judicial.</u> Estas detenciones se unen a las siete personas que consiguieron llegar vivas a la costa de Lanzarote después de que su patera se estrellara contra las rocas. <u>Todos los inmigrantes detenidos son de origen subsahariano o magrebí.</u> Entre los países de origen se encuentran Gambia, Sierra Leona, Camerún, Guinea, Mali y Nigeria. <u>Todos los patrones de patera son marroquíes.</u> <u>Otras tres pateras arribaron ayer por la mañana a la costa de Lanzarote, con 47 magrebíes a bordo,</u> que fueron detenidos, informa Efe. <u>La Guardia Civil interceptó una cuarta patera,</u> aunque se desconocía el número de inmigrantes que transportaba. <u>En Vélez (Málaga), la Guardia Civil detuvo el miércoles a otros 20 inmi-</u>

grantes «sin papeles» cuando se disponían a tomar tierra en la playa del Cañuelo, informa J. M. Camacho.

b), c), d) y **e)** Respuestas libres.

2 3 4 5 y **6** Respuestas libres.

Unidad 5.
Leer entre líneas

I. Texto motivador

1 Los tres enunciados servirían de moraleja.

II. El espejo

1 1) Definir los objetivos del trabajo; 2) Elaborar el primer guión de trabajo; 3) Elegir las técnicas adecuadas de recogida de información: bibliografía, encuestas, reuniones, etc.; 4) Recoger la información aplicando, al menos dos de las técnicas seleccionadas; 5) Clasificar y ordenar la información obtenida; 6) Hacer un análisis de los datos e interpretarlos; 7) Redactar el informe final de la investigación; 8) Elegir un medio adecuado para compartir lo investigado comunicándolo a otros; 9) Evaluar el proceso, los logros y las dificultades que se han presentado en la elaboración del trabajo y evaluar también el producto final.

Gimnasia mental: La H. Todas las letras pueden invertirse verticalmente y no varían.

III. Actividades

1 **a)** Respuesta libre.
b) Un informe de Greenpeace sobre el tema, la opinión de un físico nuclear, y los últimos estudios del Gobierno sobre el tema. Estas fuentes de información parecen las más documentadas, son personas u organismos solventes y a los que se puede pedir cuentas en caso de que aporten datos falsos.

2 Actividad personal.

3 **a)** La información proviene de José Demetrio, un joven empleado de una finca, protagonista de los hechos. Sus declaraciones se recogen en el libro de Pablo Villarrubia Mauso.
b) Respuesta libre.

4 **a)** Llorenç Soler, cineasta autor del documental, M. Mora, periodista de *El País,* y el propio medio informativo.
b) Acudiendo a archivos históricos, al propio periodista o al mismo autor del DVD.
c) Respuesta libre.

5 **a)** El autor considera que muchos medios de comunicación no reflejan de forma objetiva el conflicto árabe-israelí, sino que recurren a la propaganda manipulando el lenguaje para distorsionar la interpretación de la realidad.
b) y **c)** Respuestas libres.
d) En todas estas expresiones se usan eufemismos que escamotean al lector el verdadero alcance de los hechos.
e) Son frases propagandísticas: simplifican la realidad y la muestran estereotipada. En ellas se utilizan expresiones absolutas que descalifican al contrario, al cual se presenta como «el Mal», con mayúsculas. Se falsea la realidad, presentando un acto bélico como una honorable respuesta a la llamada de la historia. Se sacraliza a los protagonistas y sus actos: la última frase bien podría pertenecer a un texto religioso.

6 Respuesta libre.

7 **a)** Que en la sociedad actual todo está regido y dominado por la macroeconomía, y que se están perdiendo las cosas sencillas.
b) El texto denuncia la desconfianza de la sociedad hacia los jóvenes, las dificultades que estos encuentran para conseguir un trabajo digno y comprar una vivienda propia, el problema del paro y el de los contratos-basura.

8 La seducción de este texto publicitario descansa en la utilización de un léxico gastronómico aplicado a las barras de labios. El recurso retórico más utilizado es la sinestesia: golosinas de color, dulces texturas, deliciosos tonos rosa, apetitosos y golosos brillos. Hay una continua llamada a los sentidos de la vista, el tacto y el gusto. Se utiliza, por tanto, como principal elemento de seducción lo ligado a la vida (eros).

9 **a)** Actividad personal.
b) Actividad personal.
c) *Clave de respuestas:* 1: ? (¿estás seguro de que el hombre de negocios y el dueño son la misma persona?). 2: ? (¿puede hablarse de robo necesariamente? Tal vez el hombre que pidió dinero era el cobrador del alquiler o el hijo del dueño). 3: F. 4: V. 5: ? (es poco probable, pero la historia no excluye esta posibilidad necesariamente). 6: V. 7: ? (no se sabe quién extrajo el contenido de la caja, ni es necesariamente cierto que el hombre haya huido). 8: ? (la caja registradora pudo contener dinero o no). 9: ?. 10: ? (el hombre puede haber aparecido frente a una ventana o haberse quedado en la puerta, sin entrar en la tienda). 11: ? (las luces de las tiendas permanecen encendidas durante el día). 12: ? (¿no sería posible que el hombre que apareció fuera el dueño?). 13: F. 14: ? (¿son el dueño y el hombre de negocios la misma persona o son personas diferentes? Lo mismo puede decirse del dueño de la tienda y el hombre que apareció). 15: ? (¿huyó? ¿No pudo salir corriendo porque tenía prisa?).
d) Todas las frases se refieren a lo aprendido con la actividad.

10 **a)** *Titular 1:* La pérdida del interés por la lectura en la adolescencia. *Titular 2:* El fracaso escolar.
b) y **c)** Respuestas libres.

11 **a)** Actividad personal.
b), c) y **d)** Respuestas libres.

Unidad 6.
Enjuiciar el contenido del texto

I. Texto motivador

1 Abrumando a las personas con datos, tendrán la sensación de que piensan y serán felices. El pensar (atar cabos) lleva a la melancolía. Es más feliz el hombre que sabe desmontar un mural de televisión que el que trata de sopesar el Universo.

2 De alienación.

II. El espejo

1 Respuesta libre.

Gimnasia mental: Solo una, la primera.

III. Actividades

1 **a)** Informa sobre el significado de la expresión estar al loro.
b) La integración de los inmigrantes no se conseguirá por decreto, sino teniendo en cuenta sus necesidades y aspiraciones como seres humanos. En el debate político sobre el fenómeno social de la inmigración no pueden tener cabida ni la segregación sociorracial ni los insultos.

2 **a)** Información. b) Opinión. c) Opinión. d) Opinión. e) Información. f) Opinión.

3 *Informaciones:* Los Estados Unidos han invitado a España a unirse a la red mundial contra el ciberterrorismo.

Opiniones: Los terroristas han demostrado una gran creatividad en la elección de sus instrumentos y sus objetivos; por tanto, solo es cuestión de tiempo que tenga lugar un acto de ciberterrorismo.

4 **a)** *Informaciones:* Es habitual que cualquier libro que trate de imagen y educación dedique, al menos un capítulo al monopolio televisivo sobre nuestras vidas.

Opiniones: Nadie discute la influencia de las imágenes que nos llegan a través de la televisión. Esta problemática presenta una gran complejidad que afecta a todos los cambios de nuestra psique, de nuestro entramado simbólico, de nuestras condiciones y condicionamientos sociales El campo de la imagen es hoy una de las claves para comprender, interpretar y dar alternativas a nuestra sociedad. Es imprescindible preguntarse por qué gusta tanto la televisión en general y algunos programas en particular. Quejarse sin articular la queja es propagar el desaliento y la irresponsabilidad.

b) *Presentar los hechos y datos:* Aporta datos sobre la postura (lamentos moralizantes) de los autores que en sus libros abordan el tema de la influencia de la imagen televisiva en la sociedad.

Clasificar elementos: Enumera las dos clases de lamentos moralizantes: a) asustarse, b) indignarse. Clasifica las preguntas que deben hacerse acerca de las imágenes: a) qué ocurre cuando las miramos, b) qué pasaría si prescindiéramos de ellas, c) qué hay que hacer: ignorarlas o incluirlas en la educación.

Relacionar y contrastar realidades, hechos, ideas, etc.: Contrasta las actitudes dominantes ante la problemática que plantea, con las suyas propias.

Establecer las generalizaciones indiscutibles o verdades evidentes: La autora alude a verdades evidentes: «Nadie discute la influencia de las imágenes que nos llegan a través de la televisión».

Sacar conclusiones: «En resumen, hemos de plantearnos cómo nos sirven –y no nos sirven– las imágenes, para qué, cómo hemos de utilizarlas y en función de qué. Estas no son meras cuestiones instrumentales, son el meollo de cualquier planteamiento, pues nos permiten juzgar con coherencia y sacar conclusiones que tengan peso. Porque quejarse sin articular la queja, sin darle sentido y orientación, es, como mínimo, propagar el desaliento y la irresponsabilidad».

c) Respuesta libre.

5 *Presentación de la tesis:* importancia de la influencia de las imágenes televisivas en la educación de los jóvenes.

Desarrollo: reacciones más comunes entre los estudiosos del tema. Constatación de la complejidad del tema: importancia de comprender la imagen para comprender la sociedad.

Presentación de la hipótesis personal: para llegar al fondo de la cuestión es necesario plantearse una serie de cuestiones (cómo son las imágenes, por qué gustan tanto, qué ocurre en el receptor cuando las ve, etc.).

Conclusión: hay que plantearse todos estos temas en profundidad y no limitarse a una queja sin sentido.

6 **a)** Probablemente se pensará que esa persona es muy torpe.

b) Que la silla no estaba colocada en el lugar adecuado.

7 **a)** Todas las personas a las que se refiere el texto convirtieron un error en un nuevo hallazgo.

b) Repetición e hipérbole.

c) Los nuevos descubrimientos a partir de errores.

d) Aunque la forma externa parece una simple enumeración de hechos constatables, el texto es argumentativo, ya que encierra un argumento implícito: «La actitud verdaderamente creativa es la de aquel que es capaz de aprender de los errores».

8 Actividad personal.

9 y **10** Respuestas libres.